mars 2008

Directeur
Michel Surya

Secrétaire de rédaction
Sébastien Raimondi

Comité
Mehdi Belhaj Kacem | Fethi Benslama | Alain Brossat
Jean-Paul Curnier | Jean-Paul Dollé | Bernard Noël
Jacqueline Risset | Jacob Rogozinski | Enzo Traverso
Daniel Wilhem

Lignes www.editions-lignes.com

Art • littérature • philosophie • politique
Paraît trois fois par an – vingtième année

Publié avec le concours de la Région Ile-de-France et du Centre national du livre

Rédaction, abonnements :

85 rue de la Fontaine au Roi
75011 Paris
e-mail : contact@editions-lignes.com

Achevé d'imprimer sur les presses la Nouvelle Imprimerie Laballery en février 2008
N° d'impression : 802181. Dépôt légal : mars 2008. Issn : 0988-5226 / isbn : 978-2-35526-008-7

Diffusion-distribution : Les Belles Lettres

DÉCOMPOSITION / RECOMPOSITION POLITIQUES

MICHEL SURYA, *Présentation* 5

ALAIN BROSSAT, « *Élu par cette crapule* » 9

PHILIPPE HAUSER, *Forces politiques et ordre policier* 24

JEAN-LOUP AMSELLE, *Un pôle de radicalité* 35

GÉRARD BENSUSSAN, *La politique peut-elle faire événement?* 51

ANSELM JAPPE, *Politique sans politique* 57

YVES DUPEUX, *Politique de la précarité* 67

ALAIN BADIOU, « *Sarkozy, nous voilà* »
       (entretien avec Aude Lancelin) 80

DANIEL BENSAÏD, *Nouvelle période, nouveau programme, nouveau parti*
       (entretien avec M. Surya et S. Raimondi) 83

EMMANUEL RENAULT, *Le néolibéralisme et sa pensée critique* 102

MEHDI BELHAJ KACEM, *Contingence de l'espèce, contingence du Sujet* 120

JEAN-PAUL DOLLÉ, *Une nouvelle période* 138

O. LE COUR GRANDMAISON, *Passé colonial et identité nationale* 150

JOCELYNE DAKHLIA, *La France dedans dehors* 160

Erratum : dans le précédent numéro de la revue (n°23-24, novembre 2007), les notes de bas de page du texte de Stéphane Nadaud, « Les limbes, ou l'anté-purgatoire » ont malencontreusement disparu. Nous tenons la version intégrale du texte à la disposition des lecteurs qui en feront la demande, par courrier ou par e-mail (voir ci-contre).

*Ce numéro, l'idée s'est imposée d'emblée de l'intituler :
« Décomposition / recomposition politiques ». Le premier terme
de l'alternative n'est guère douteux (il trouvera à peu près tout le
monde d'accord) ; le second l'est plus, qu'on hasardera cependant,
ne serait-ce que pour aller contre le procès en pessimisme qu'on
fait volontiers à* Lignes. *Il voudrait poser que, de cette décomposition éclatante (transfuges en nombre, oppositions exsangues), une
recomposition pourrait naître, autrement dit une autre opposition.
Que le temps en est venu. Et l'on appellera provisoirement cette
opposition : « politique », pour la différencier de l'absence de toute
politique, à quoi se reconnurent les programmes des deux partis
d'alternance.*

*L'évidence voudrait en effet que Nicolas Sarkozy soit le
problème – un problème politique. Allons contre (quand bien
même il en est un aussi). Et gardons-nous, par exemple, de lui
prêter le mérite exorbitant des ralliements en nombre que sa
personne a enregistrés (postes au gouvernement, participations
aux commissions mises en place par lui, aussitôt élu). Prétendons
plutôt, toujours par hypothèse, que celle-ci compte pour peu dans
cette situation, laquelle ne serait guère différente si un ou une autre
occupait la place. Si, par exemple, la candidate de l'opposition
(au second tour) l'occupait.*

*La campagne présidentielle de 2007, premier et second tour, ne
laissait pourtant pas de doute là-dessus, la gauche d'alternance
n'ayant pas substantiellement fait campagne autrement que
Sarkozy lui-même. Qu'on se le rappelle : la valeur « travail »,*

dont l'éloge a été équitablement partagé par les deux parties, et presque dans les mêmes termes; la valeur « productivité » (le « gagnant-gagnant » de l'une comme équivalent du « plus/plus » – « travailler plus pour gagner plus » – de l'autre); la valeur « sécurité » (« l'encadrement militaire » de maisons de redressement, de l'une, comme équivalent de la « karchérisation » promise de l'autre), etc. La violence était la même et leur a été commune, dont on est justifié de déduire que, le parti socialiste et sa candidate l'eussent-ils emporté, la politique mise en œuvre par eux n'eût pas non plus été substantiellement différente. Compte non tenu du fait que les deux partis d'alternance (et le centre avec, cela va sans dire) s'accordent maintenant en tout point sur la thérapie libérale-marchande qu'il conviendrait d'appliquer aux prétendus maux français, les uns comme les autres n'ayant de cesse d'établir les règles et les réglementations (toutes des règles « déréglémentantes ») et de procéder aux ajustements que commande le procès d'homogénéisation et d'hégémonisation des marchés mondiaux (le FMI, la BCE, l'euro, le dollar, le Medef, etc.) L'actuelle représentation politique est et n'est plus qu'une représentation économique, autrement dit une représentation des puissances économiques constituées. (Une politique existe certes encore, et qui n'est aucunement négligeable, sur laquelle ce numéro et d'autres après revient et reviendront, que nous nous contenterons d'appeler politique de police.*)*

Il faut donc en déduire: 1. Que Sarkozy est une pure hypostase, c'est-à-dire ni plus ni moins que cela que les organismes boursiers, financiers et grand-patronaux veulent pour que leurs intérêts soient assurés au mieux; 2. Que Royal aurait aussi bien pu prétendre l'être (peu importe qu'elle y montrât moins de talent, la question n'est pas là), reniant pour cela les « valeurs » – au sens où elle n'emploie plus ce mot – pour la défense desquelles de la politique est historiquement née ; 3. Que c'est parce que cette gauche-là (d'alternance) le savait qu'elle rejoint aujourd'hui celle des deux hypostases qui l'a emporté (elle ne trahit rien) ; 4. Que le champ se trouve du coup dégagé pour que se (re-) compose quelque chose, à quoi le nom seul de politique convient et revient (ces déductions sont voisines d'une partie de celles qui inspirent les grandes lignes du livre d'Alain Badiou, De quoi Sarkozy est-il le nom ?, lequel constitue déjà et constituera longtemps la référence obligée de l'opposition, moins à Sarkozy qu'au sarkozysme).

L'hypothèse tient-elle ? C'est-à-dire, de l'opposition est-elle encore possible qui permette que de la politique revienne ? Permettant, par le fait, qu'une recomposition ait lieu ? Ou cette décomposition récente est-elle le signe le plus marqué d'un processus maintenant avancé de l'ensevelissement de la politique par la démocratie de marché ? Pour autant, (se) poser ces questions, ce serait encore faire de la politique, quand bien même serait-ce le faire d'une politique spectrale.

Michel Surya

« Élu par cette crapule [1] »

Alain Brossat

Les seules libertés qui prospèrent en France actuellement sont celles que s'arroge la police, ou plutôt les polices de tout poil. Comme d'habitude, le diable gîte ici dans les détails et dans l'inaperçu plutôt qu'à la une des journaux. Il y a quelques semaines, une amie cadenasse son vélo place de la Sorbonne. Lorsqu'elle sort de cours, plus de vélo, pourtant équipé d'une double sécurité. Elle se rend au commissariat, sur la place du Panthéon et, comme elle s'étonne qu'on ait pu lui voler son bien en plein jour en ce lieu si passant, le flic de service lui signale qu'il a sans doute été placé en fourrière. Et pourquoi donc ?, s'étonne-t-elle, il ne gênait personne, aucun panneau ne signalait, sur ce trottoir, une interdiction de garer les deux roues… C'est, rétorque le pandore, l'air important, que la Garde des Sceaux, Rachida Dati, était en visite à la Sorbonne. Et donc, pour des motifs de sécurité, etc., etc. Mais alors, comment le récupérer ?, demande mon amie décontenancée. Le fonctionnaire n'en a aucune idée – « Ce sont d'autres services. »

Et comme elle proteste, s'impatiente, elle est invitée fermement à quitter les lieux avant que, etc.

La voici bonne pour se racheter un vélo – et un bon vélo, c'est la moitié d'un SMIC. Je la console en lui rappelant qu'elle s'en tire bien – l'outrage à agent lui a été épargné. Il y a comme un relent de « salauds de pauvres ! », dans cette historiette – parce que, dans la tête du flic, le vélo reste associé au pauvre, lequel est socialement insignifiant, donc pauvre en droits, donc susceptible d'être spolié impunément. M. Baupin, du groupe Vert du Conseil municipal de Paris et promoteur du Velib' pour tous, bobos en tête, voit les choses autrement – mais jusqu'à

---

1. Palindrome cité en exemple dans *Le Petit Robert*.

nouvel ordre, dans les rues de Paris, c'est plus que jamais la
police qui donne le la, pas M. Baupin.

Une des différences principielles entre un État de droit et
un État mafieux est que, dans le premier, le citoyen ordinaire
y perçoit à l'œil nu la différence entre l'action des gendarmes
(des agents de la loi et des forces de l'ordre) et les agissements
des voleurs (des fauteurs d'illégalismes). Il semblerait que ce
partage ne s'opère plus si simplement en sarko-démocratie.
L'argument de la sécurité, élevé au rang d'un impératif universel
et multifonctionnel, nourrit, dans les petites comme dans les
grandes choses, un état d'urgence *light* auquel le commun des
mortels est invité à se plier puisque c'est pour son bien et dans
son intérêt. On dira éventuellement que cette histoire de vélo
escamoté par les flics (et sans doute avantageusement revendu
au profit de la caisse de secours des orphelins de la police) pèse
de peu de poids auprès des rafles quotidiennes d'étrangers et
de cette « image » qui s'impose comme le logo des persécutions
orchestrées par Sarkozy-Hortefeux (von Pellepoix) : un sans-
papiers sautant par la fenêtre à la vue d'un uniforme. Lors
du krach boursier de Wall Street, en 1929, c'était l'image
du banquier ruiné se précipitant dans le vide de la fenêtre de
son bureau qui s'était imposée comme l'emblème durable du
désastre capitaliste. Une imagerie que Sarko et son comparse
font renaître de ses cendres, au détriment, cette fois-ci, du plus
démuni des démunis – « Salauds de pauvres ! », une fois encore.

Insistons : ce remake flicard du *Voleur de bicyclette* survient au
moment précisément où se célèbre le succès du Vélib' parisien,
où sont vivement encouragés par la Mairie de Paris et les écolos
de toute espèce les moyens de transport alternatifs. Ce n'est
donc pas simplement ici que, selon la formule consacrée et
moult fois vérifiée, la main droite (de l'État) ignore ce que fait
la gauche. C'est, plus brutalement, dirait-on, que le cerveau
reptilien de l'État pulvérise à plaisir ce qui pourrait encore
s'agencer dans l'ordre des rationalités biopolitiques, ou bien
encore d'une police intelligente des conduites, des circulations
et régularités urbaines : les amendes pleuvent sur les cyclistes

qui inventent leurs propres modes de circulation en ville et des escouades de flics armés de pinces coupantes veillent à ce que Ben Laden n'aille pas garer son vélo bourré de dynamite devant la Sorbonne, quand la bête noire de tous les magistrats de France et de Navarre y vient parader.

Ce qui est fascinant, avec l'État d'exception contemporain (surtout dans sa version *soft*, *light*, bref : démocratique), c'est le talent avec lequel il se présente à nous vêtu de lin et de probité candide. Cette moralité impeccable se donne deux visages : celui, on l'a vu, des impératifs de sécurité qui alimentent une forme de délinquance policière permanente, laquelle n'est jamais que la version pauvre, minable, des gestes de souveraineté traditionnels (pourquoi on t'a piqué ton vélo sans préavis, pauvre pomme ? – parce qu'on est la police et que la police fait ce qu'elle veut ! – *quia nominor leo*, mais les permanenciers du commissariat du Panthéon ne savent plus de latin, comme en savaient peut-être encore un peu leurs prédécesseurs, au temps de la rafle du Vel' d'Hiv, où ils allaient parfois à la messe…)

Et puis, il y a cet autre visage, plus sournois encore, sans doute, de l'État d'exception démocratique, car plus inattendu – celui de la police de la pensée. Celui qui statue sur les énoncés licites et illicites, les discours corrects et les prohibés. On en trouvait un bon exemple, récemment, avec le compte rendu du livre d'Alain Badiou, *De quoi Sarkozy est-il le nom ?*, infligé aux lecteurs du *Monde* par Jean Birnbaum – un trotskiste de salon, soit dit en passant et pour rire un peu. Ayant, comme par obligation, approximativement résumé le propos du philosophe, notre vigie en charge des énoncés corrects en vient, dans toute la seconde moitié de son papier, à l'essentiel : Badiou « *ruine son propos* », se « *déshonore* » (rien de moins) en donnant un tour polémique à sa charge contre Sarkozy et ce dont il « *est le nom* ». Il « *se complaît dans des allusions obscènes* » en se moquant de la petite taille de l'Élu des Français, en mettant en doute son courage physique, voire, *horribile dictu*, son hétérosexualité, etc.

Ce que Jean Birnbaum (aux avant-postes ici de la cohorte innombrable des vertueux et autres vecteurs de la pandémie éthique contemporaine) entend abolir par décret, ce sont les droits immémoriaux du pamphlet, de l'écrit de combat, du libelle, de la discussion polémique. Ces droits – indissociables de la pure et simple liberté de railler, l'un des biens les plus précieux en société démocratique, l'un des indices les plus évidents d'un état de liberté populaire – sont ceux du rire, y compris du rire de ventre (Bakhtine), de la grande tradition du carnaval et du charivari. Donc les droits de reconduire vers le bas tout ce qui usurpe le haut. L'esprit de sérieux qui inspire un tel texte n'est pas seulement dérisoire (on imagine le papier scandalisé que nous aurait concocté de gardien des Vertus s'il avait eu, en son temps, à chroniquer le Napoléon-le-petit du Père Hugo ou L'Argent de Péguy...) par sa prétention à codifier et régenter la littérature politique de notre temps, il est surtout alarmant par son caractère violemment prohibitif, par son trait d'intolérance, caractéristique de la mentalité des tenants du total-démocratisme contemporain. C'est bien un censeur qui s'exprime là, statuant, avec le ton de sévérité magistrale qui s'impose (et qui a installé, en l'occurrence, le gazetier dans la position du juge, je vous le demande?!) que Badiou n'a pas le droit de faire des gorges chaudes sur la petite taille du Bouffon régnant – comme si celle-ci était autre que l'incarnation visible de la mégalomanie fate du personnage! Comme toujours, le rigorisme moral (éthique, comme il aime à se dire aujourd'hui) laisser percer ici son fond policier : sous prétexte de conserver un tour irréprochable au débat politique, notre vigilant en vient ici à proscrire toute forme d'intensité dans ce qui persiste à être un affrontement, il en vient à récuser la forme même de l'agonisme politique – comme si ce qui nous oppose aux gouvernants actuels ne relevait que de légers conflits d'interprétation – entre gens de bonne compagnie. Comme si nous étions du même monde que ces gens dont la maxime première et dernière est, comme le rappelle Badiou : que prospère la richesse, qu'endurent les pauvres!

En épinglant comme « déshonorant » tout énoncé qui a pour vocation de rappeler que la politique est premièrement, domaine d'intensités, et secondement, agencement, agissement de la division, notre journaliste travaille tout simplement – avec tant d'autres – à l'abolition de la vie politique, de la politique vive, au profit d'une police pointilleuse des conduites et des énoncés – remise entre les mains d'une sainte-alliance dans laquelle le journaliste est appelé à occuper une place de choix au côté du juge, du flic et du prêtre – s'il en reste. Mânes de Bloy, Rochefort et… Péguy.

Le commandement édicté par Birnbaum instaure un devoir de respect à l'endroit de ce dont, pour paraphraser Péguy précisément, la respectabilité reste à démontrer. Le présupposé de cette position est précisément celui que réduit en pièces le livre de Badiou : que la composition d'une « majorité » de circonstances autour d'un nom créerait les conditions d'une légitimité et donc d'une respectabilité aussi irrécusable que les lois de la gravité selon Newton. Il est alors difficile, cet article de foi du fidéisme parlementaro-démocratique ayant été posé, de ne pas se trouver enfermé dans la position du suppôt de l'incontestable Élu : ce qu'indique distinctement le titre donné par Birnbaum à son papier – « Haro sur le "nom" de Sarkozy » qui inverse, tout simplement, les positions de l'offenseur et de l'offensé, du persécuteur et du persécuté – comme si, aujourd'hui, la persécution du bouc émissaire érigée en principe politique était le fait de Badiou et consorts, et non pas de Sarkozy et ses séides…

La posture du moraliste outragé mise en scène par le journaliste repose ici sur une double évidence aisément révocable : que le fait « majoritaire » constituerait une réserve de légitimité infinie et irrécusable d'une part, que la procédure électorale de l'élection du chef de l'État au suffrage universel (et, plus généralement, toute procédure électorale en démocratie du public) serait le truchement par lequel se manifeste la volonté générale. Dans un article posthume publié en 1950 par la Revue de la Table ronde, Simone Weil démontrait l'inconsistance de ce type de fidéisme démocratique ou, pour paraphraser Lénine,

Alain Brossat

de crétinisme démocratiste : « *La démocratie*, écrivait-elle, *le pouvoir du plus grand nombre, ne sont pas des biens. Ce sont des moyens en vue du bien, estimés efficaces à tort ou à raison. Si la République de Weimar, au lieu de Hitler, avait décidé par les voies les plus rigoureusement parlementaires et légales de mettre les Juifs dans les camps de concentration et de les torturer avec raffinement jusqu'à la mort, les tortures n'auraient pas eu un atome de légitimité de plus qu'elles n'ont maintenant. Or pareille chose n'est nullement inconcevable.* »

Appliquée à la situation présente, cette réflexion se transposera ainsi : et même s'il s'avérait que, de sondage en sondage, une écrasante majorité de citoyens virtuels ou taillés sur mesure aux normes du pouvoir médiatique et étatique (ce que sont les « sondés ») plébiscite les rafles d'étrangers dits « clandestins », le démantèlement des protections sociales et le développement d'une politique sécuritaire tous azimuts, un tel « fait majoritaire » n'en constituerait pas pour autant un « bien » devant lequel serait vouée à s'incliner toute conscience critique, voire toute velléité d'opposition politique. La construction de majorités « virtuelles » supposées irrécusables est aujourd'hui un des expédients favoris auxquels recourt un journal comme *Le Figaro* pour entretenir une atmosphère de plébiscite permanent en faveur de la politique de Sarkozy, et ce à propos des sujets les plus variés : politique internationale, justice, sécurité, banlieues, retraites, grèves, etc. Le fétichisme « majoritaire » procède ainsi par emboîtement de faits construits sur d'autres faits construits, de réalités décrétées et conventionnelles sur d'autres : ainsi, à partir de la formule « L'élu de tous les Français », une contre-vérité arithmétique aussi bien que politique, vont se construire, de sondage en sondage, les alibis d'une légitimation sans fin de l'ensemble des faits et gestes des gouvernants et, surtout, d'un abandon de toute perspective de contestation de l'insupportable. La vocation première du crétinisme « majoritaire » est ici, distinctement, de révoquer toute notion d'un droit de résistance inconditionnel à l'intolérable et à l'inique. La « correction » démocratique pervertie va trouver à s'abriter derrière ce type de sophisme apparemment irrécusable, à l'âge de l'hyperdémocratisme décervelé : tout cela n'est pas très joli (les rafles d'étrangers, les cités en état de siège, les franchises médicales…), mais, que voulez-vous : le peuple soutient les gouvernants, la majorité a tranché…

Simone Weil, sur ce point encore, ne s'embarrassait pas de fioritures et statuait : « *Un vouloir injuste commun à toute la nation n'était aucunement supérieur aux yeux de Rousseau – et il était dans le vrai – au vouloir injuste d'un homme* ». En d'autres termes : un peuple agrégé autour de la volonté mauvaise d'un dirigeant ou d'une faction gouvernante n'est qu'un groupe d'hommes dévoyés, incapable d'inscrire son action commune dans un horizon de justice. Dans ces conditions, le jugement politique autonome n'a pas à se laisser intimider par le fait (toujours construit, insistons) majoritaire. Simone Weil va même plus loin, lorsqu'elle remarque qu'aux origines de l'invention démocratique, en France, la manifestation de la volonté générale n'épouse pas la forme du dispositif électoral : « *S'il y a eu en 1789 une certaine expression de la volonté générale, bien qu'on eût adopté le système représentatif faute de savoir en imaginer un autre, c'est qu'il y avait eu bien autre chose que des élections. Tout ce qu'il y avait de vivant à travers tout le pays – et le pays débordait alors de vie – avait cherché à exprimer une pensée par l'organe des cahiers de revendication. Les représentants s'étaient en grande partie fait connaître au cours de cette coopération dans la pensée ; ils en gardaient la chaleur ; ils sentaient le pays attentif à leurs paroles, jaloux de surveiller si elles traduisaient exactement ses aspirations […] Pareille chose ne se produisit plus jamais.* »

Pour Simone Weil, les systèmes politiques modernes, quand bien même ils emprunteraient le nom de la démocratie, sont tout sauf des appareils destinés à susciter la formation de la volonté générale. Le peuple n'y est pas invité à « *exprimer son vouloir à l'égard des problèmes de la vie publique* », mais « *à faire seulement un choix de personnes* ». Dans les sociétés modernes, donc, « *nous n'avons jamais rien connu qui ressemble même de loin à une démocratie […]. Dans ce que nous nommons de ce nom, jamais le peuple n'a l'occasion d'exprimer un avis sur aucun problème de la vie publique ».* Le dispositif général qui repose d'une part sur la machinerie électorale et, de l'autre, sur le jeu des partis est, en vérité, selon l'auteur de la *Note sur la suppression générale des partis,* une machine de guerre dressée contre la vie politique, laquelle consiste, pour elle, en l'inscription de l'action collective des hommes dans l'horizon du Bien et du Juste. Comme son titre même l'indique, son essai est particulièrement sévère à l'égard du système des partis – « *Un parti politique est une organisation construite de manière à exercer une pression collective sur la pensée de chacun des êtres humains qui en sont membres [...] Les partis sont des organismes publiquement, officiellement constitués de manière à tuer dans les âmes le sens de la vérité et de la justice ».* On ajouterait volontiers que ce qui est dit ici des faux-semblants de la démocratie instituée aux conditions du jeu des partis l'est de la démocratie établie à celle de la ronde permanente des sondages. Les objections élevées par Simone Weil contre le principe même de la démocratie parlementaire valent *a fortiori* pour la démocratie du public.

L'un des traits saillants de l'intolérance promue par le démocratisme contemporain est de considérer comme hérétique et relapse toute réouverture de la discussion sur les fondements légitimes de l'institution (du pouvoir, de la gouvernementalité) démocratique contemporaine. C'est le sens même de cette sorte de passage à l'acte auquel se laisse aller le gardien de la Cité et du quotidien du soir contre le flux de libre-pensée qui porte l'essai de Badiou. La tendance actuelle à la criminalisation du débat sur ces fondements manifeste un infléchissement sans doute décisif dans le cours même de l'histoire de la démocratie contemporaine. La question est toute simple : que reste-t-il du propre de la démocratie, dès lors que l'institution démocratique tend à ne plus supporter la critique et la remise en cause de ses propres fondements ? Il est assez symptomatique de ce point de vue qu'au fond la IIIᵉ République des notables ait été plus tolérante à l'endroit d'un Maurras que ne saurait l'être aujourd'hui un représentant du pouvoir

journalistique à l'égard d'un Badiou… Et pourtant, le fil caché
de cette critique n'a jamais cessé de courir et ce n'est sans doute
pas tout à fait pour rien qu'il regagne en visibilité au temps
où les vénérables démocraties occidentales s'affichent de façon
toujours plus distinctes comme Ubucraties bêtes et méchantes,
via la promotion de dirigeants de la qualité des Bush, Aznar,
Berlusconi, Sarkozy…

Une généalogie appliquée de la critique principielle des
fondements du total-démocratisme contemporain montrerait
la diversité des inspirations d'une telle déconstruction : Badiou
n'est certes pas un disciple de Simone Weil qui, elle-même, ne
devait pas grand-chose à la pensée anarchiste. David Rousset
qui articula, dès le début des années 1950, une critique d'une
grande lucidité de la politique parlementaire (mais aussi
révolutionnaire) soumise au régime des partis réfléchissait sur les
conditions de la politique à partir de prémisses bien différentes
de celles d'un Foucault, lequel s'interrogeait calmement : « *On
peut se demander si les partis politiques ne sont pas l'invention la plus
stérilisante depuis le XIXe siècle.* » Ce sont les droits mêmes de cette
critique dispersée mais insistante qu'il nous faut aujourd'hui
défendre – en un temps où ceux qui s'affublent des étiquettes
avantageuses de « radicaux », voire « révolutionnaires » ne sont
pas les derniers à cultiver la correction démocratiste la plus
sourcilleuse – comme ils jardinaient naguère dans les allées du
« centralisme démocratique ».

Peut-être sommes-nous situés aujourd'hui à un tournant
dans l'Histoire de la démocratie contemporaine, peut-être
est-ce son destin même qui se joue, en un point d'inflexion
décisif. Fondamentalement, en Occident et, plus tardivement,
en Extrême-Orient, dans des pays comme le Japon, Taïwan,
le système démocratique a fonctionné comme machine de
pacification et c'est à ce titre que son acclimatation à des
conditions fort diverses a plus ou moins étroitement coïncidé,
depuis la fin du XIXe siècle, avec le procès de la civilisation lui-
même. Ce ne sont pas les pannes et accidents majeurs qui ont
manqué, au cours de cette longue séquence vouée, au fond, à

une opération et une seule : la désintrication de la conflictualité politique d'avec la figure de la guerre. Et pourtant, en dépit de ces interruptions cataclysmiques, ce processus a manifesté une endurance remarquable, sa dynamique a été plusieurs fois suspendue, mais jamais brisée – comme le montre la façon dont l'Allemagne et le Japon, foyers de ces désastres, ont, après la Seconde Guerre mondiale, été saisis à leur tour par cette dynamique.

Insistons sur ce point : cette démocratie instituée, forme étatique, est radicalement hétérogène à toute espèce de régime de la politique agencé sur le paradigme égalitaire ou sur toute notion de justice sociale ; mais inversement, ce qu'elle est exclusivement, elle l'est bel et bien et jusqu'au bout, durant toute cette séquence : une machine de dé-violentisation des rapports politiques à l'intérieur des espaces où s'impose son principe ; que ce processus s'effectue au prix d'une projection de la violence dans le dehors de ces espaces, cela se vérifie aisément – mais n'enlève rien au fait que la démocratie, en tant qu'appareil pacificateur, remplisse son programme d'une manière extrêmement efficace dans les espaces qu'elle a « conquis ». C'est ce modèle même qui en est venu, après la Seconde Guerre mondiale et, surtout, la chute de l'Empire soviétique, à s'imposer au monde comme la seule forme politique universelle susceptible de coïncider avec la poursuite du procès de civilisation : un modèle indexé sur l'« idéal » du monde en paix, version atténuée mais tenace de la « paix perpétuelle » dont Kant s'essaya à penser les conditions de possibilité.

L'hypothèse qu'il faudrait avoir le courage d'affronter aujourd'hui serait celle-ci : cet appareil de pacification aurait, pour l'essentiel, épuisé ses ressources, et perdu toute force propulsive. La démocratie d'institution, l'État démocratique, le système démocratique global seraient entrés dans une phase de mutations décisives, préludant à de nouveaux agencements. Nous serions entrés dans une phase de transition, une zone grise dans laquelle seraient appelées à cohabiter, dans la plus grande des confusions, la vocation première de la démocratie étatique moderne de neutralisation de la violence armée (de l'institutionnalisation de la lutte des classes dans les métropoles démocratiques au tournant du XIXᵉ et du XXᵉ siècles, au suspens du nettoyage ethnique dans les Balkans un siècle plus tard) et de nouvelles dynamiques : essentiellement, un re-branchement de la puissance de l'État démocratique, de coalitions de forces démocratiques sur la violence extrême et la guerre.

De ce point de vue, l'occupation de l'Irak par la coalition « démocratique » et son prélude, la guerre du Golfe, ne sont pas du tout des bévues réductibles à l'impéritie d'une lignée de dirigeants imbus de préjugés impériaux et à l'esprit embrumé par toutes sortes de fables théologico-politiques ; ce sont au contraire des modes d'exposition exemplaires de l'inversion d'énergie en cours ou, si l'on veut, du redéploiement de la puissance des appareils de la démocratie d'État.

La grande « leçon » de l'occupation de l'Irak aux fins de sa « démocratisation » de gré ou de force est en effet criante : une machine de guerre démocratique, fût-elle grimée en appareil de pacification, une occupation où se conjuguent le nom de la démocratie et les moyens militaires de l'État moderne produisent des effets de destruction et d'anéantissement d'une société, infiniment plus radicaux et plus puissants que ceux dont est capable une tyrannie classique. La dictature de Saddam imposait ses prises sur la société irakienne par ces moyens de terreur sélective et exemplaire qui sont ceux de toutes les tyrannies, en tant que celles-ci, comme le relevait déjà Platon, constituent une forme pervertie du gouvernement monarchique. Mais, pour l'essentiel, les strates profondes de cette société demeuraient hors de portée de ces violences d'État. L'occupation « démocratique », elle, détruit la société irakienne, au nom de la démocratie. Il y a ici davantage qu'une dérision – un programme : celui d'un re-couplage de la puissance étatico-démocratique et de la violence extrême – exportée dans le cas de l'Irak, internalisée avec, par exemple, les persécutions subies, dans toutes les démocraties occidentales et assimilées par les étrangers que frappe le ban de l'État.

L'affaiblissement du programme pacificateur de l'État démocratique et la montée de nouveaux agencements par lesquels se trouve en quelque sorte « relancé » le fond de violence de l'État nous incite à regarder en face les nouvelles compatibilités incommodes qui se mettent en place : celle de conditions démocratiques générales et d'une sorte d'état d'exception furtif, perlé, qui tend à proliférer dans les démocraties occidentales, cristallisé autour de figures comme le mauvais étranger, le délinquant sexuel, le « terroriste », le jeune des cités, l'islamiste ; mais aussi bien, celle de la diffusion des normes et idéaux démocratiques et de la politique de la terre brûlée ; celle de l'expansion continue du paradigme démocratique mondialisé et d'une nouvelle figure de l'intolérance, voire du fanatisme politique (un nouvel intégrisme démocratique dont le niveau d'obscurantisme le dispute à celui des intégrismes religieux).

Plus radicalement encore, le néo-césarisme sécuritaire, xénophobe, néocolonialiste et anti-ouvrier d'un Sarkozy montre bien les lignes de conciliation possible entre ce que les sages de la rue Saint-Guillaume appellent « État de droit » et une forme de gouvernement autoritaire, une forme d'État policier et antipopulaire confinant à ce que l'on pourrait appeler un fascisme assis : quelque chose qui s'apparenterait au fascisme en termes d'atteintes massives portées à toutes sortes de libertés individuelles (les parlementaires qui ont adopté la disposition permettant d'interner sans limite, après exécution de sa peine, un délinquant sexuel ont réinventé, tout simplement, une forme-camp, les centres de rétention, et les zones d'attente sont des camps), en termes d'expansion sans fin des « libertés » policières, et aussi de mise en condition de l'opinion par le pouvoir médiatique ; une sorte de fascisme aussi, là où l'on voit un Kouchner jouer son petit Marinetti et annoncer l'inévitable guerre vertueuse contre l'Iran… Mais un fascisme assis, car il ne requiert aucune mise en mouvement des masses, aucune forme de mobilisation totale – si ce n'est, et encore, celle des esprits – anesthésiés plus qu'électrisés. Un fascisme de l'État, un fascisme technologique, un fascisme ayant pour condition la disparition sans recomposition (fanatisation) du peuple politique lui-même transformé en machine de guerre (comme c'est le cas avec les régimes fascistes classiques). Le peuple « élu par cette crapule » (comme dans la fameuse boutade brechtienne inspirée par les émeutes est-berlinoises de 1953) serait saisi par un dispositif général d'immobilisation qui ferait de lui le spectateur complice et parfois complaisant de cette fuite en avant – comme il l'est déjà, aujourd'hui, de la persécution des étrangers indésirables.

Ces projections – tout à fait sobres, malheureusement – devraient nous inciter à revenir sur les généalogies cachées de l'ordre démocratique mondialisé qui se présente comme l'horizon indépassable de notre temps. Pour cela, il nous faudrait faire remonter à la surface toutes sortes de scènes éparses et enfouies, rendues méconnaissables par l'ordre des discours agencé autour des grands partages « corrects » – démocratie/totalitarisme en premier lieu – et des « mots puissants » à forte valeur de mana ajoutée – droits de l'homme, citoyen, liberté de la presse, pluripartisme, etc.

Il nous faudrait alors trouver la force de mettre en circulation, contre cette *doxa* compacte, dans la pleine insouciance d'un devenir minoritaire actif et joyeux, une kyrielle de concepts voyous (rogues concepts) destinés à faire revenir à la surface du présent ces généalogies insupportables. Je trouve l'exemple d'une telle démarche dans un article de Domenico Losurdo qui, ayant rappelé combien le racisme antijuif des nazis trouva à s'inspirer du racisme anti-noir des suprématistes blancs du sud des États-Unis, fait émerger le magnifique concept de Herrenvolk Democracy (démocratie du peuple des seigneurs) pour caractériser ces lignes de continuité qui conduisent des persécutions contre les Noirs dans le Sud des États-Unis à la lutte contre l'« axe du mal » aujourd'hui impulsée par l'administration Bush. Dans le même ordre d'idée, lisant et relisant le classique *War Without Mercy – Race and Power in the Pacific War*, de John Dower, on verra s'écrire, entre les lignes du récit officiel de la croisade pour la Liberté, la Démocratie et contre la tyrannie fasciste, le récit d'une guerre des races, explicitement conduite comme telle par les dirigeants politiques et les militaires états-uniens ; une guerre totale, une guerre ethnique au cours de laquelle les tenants du discours « universel » de la Liberté, des valeurs démocratiques et des droits de l'homme galvanisent leur opinion publique et leurs combattants en qualifiant sans relâche l'ennemi comme sous-homme et quasi-animal. Ou bien encore, pour revenir à nos moutons, on s'inspirera des travaux d'Olivier Le Cour Grandmaison (sur les exterminations coloniales en Algérie et sur le droit colonial) pour rappeler inlassablement la coexistence, tout au long de l'histoire politique de notre modernité, d'un État de droit variable mais effectif (en métropole) et d'un état d'exception permanent, d'un état d'exception institué et légitimé (dans les colonies). Le concept d'une telle intrication demeure en pointillé et pourtant, comment remettre en perspective historique, en son absence, des événements comme le massacre du 17 octobre 1961 ou bien le couvre-feu établi dans certaines localités de banlieue à l'occasion des émeutes de l'automne 2005 ?

Ce qui est en jeu ici est de première importance : la désaffection démocratique, la mélancolie démocratique, la montée d'une critique d'humeur, épidermique et inconséquente, de l'institution démocratique contribuent sur un mode paradoxal à la promotion accélérée de cette espèce de césarisme démocratique qu'incarnent un Sarkozy ou un Berlusconi et de cette espèce d'intégrisme démocratique qui tend à rendre suspecte, voire impie, toute libre discussion sur l'état présent et l'avenir de ce régime « total » de la politique, mais aussi des mœurs, du mode de vie. Seule une critique raisonnée et articulée de cette supposée réalité indépassable et intangible est susceptible de permettre de rétablir les conditions d'un débat sur la relativité, la diversité et les trajectoires historiques de cette forme de la politique et de l'État. Si la démocratie contemporaine est une vache sacrée, alors la politique est servante de la religion – et pauvre de nous !

Il s'agirait enfin de se donner les moyens de concevoir l'inconcevable, de voir l'invisible en notre actualité : la résistible ascension d'une puissance démocratique étatique qui, ayant épuisé tout son stock de promesses et dilapidé toutes les espérances qui s'attachaient à son destin, apparaît toujours davantage portée à jouer son avenir sur des fuites en avant en forme de croisades, de campagnes guerrières, de persécutions et d'apartheids.

Références :

- Simone Weil, *Note sur la suppression générale des partis*, Paris, Climats, 2006.
- Domenico Losurdo, « Totalitarisme et impérialisme – Guerre préventive, américanisme et antiaméricanisme », in *Le Péché originel du XXᵉ siècle*, traduit de l'italien par Jean-Michel Goux, Bruxelles, Éditions Aden, 2007.
- John W. Dower, *War without Mercy – Race and Power in the Pacific War*, Pantheon Books, New York, 1986. Il serait intéressant de se demander pourquoi ce classique n'a jamais été traduit en français.
- Olivier Le Cour Grandmaison : « Les colonies, la loi et les juristes – du droit colonial », Droits, n° 43, 2006.

Forces politiques et ordre policier

Philippe Hauser

On posera d'emblée une hypothèse, qui n'en est probablement pas une tant elle ressortit aux faits eux-mêmes : la victoire de Sarkozy à l'élection présidentielle, comme la campagne électorale qui a précédé cette élection, ne met rien d'autre à jour que l'anémie des forces politiques instituées de ce pays. Le spectacle d'une politique sans force n'est certainement pas nouveau, et l'on peut là encore risquer l'hypothèse qu'il dure au moins depuis vingt-cinq ans, depuis que le mitterrandisme confortablement installé au pouvoir a déployé sa stratégie de destruction des forces politiques historiques, c'est-à-dire de ce que les marxistes appellent, d'une expression qui est devenue, depuis cette époque, de plus en plus imprononçable, presque innommable, la lutte des classes. La victoire de Sarkozy, ces fameux 53 % au nom desquels ce « *Napoléon-le-tout-petit* [1] » prétend incarner la légitimité de tout un peuple, être le président de *tous* les Français, comme Louis-Philippe devenu « *Roi des Français* [2] », n'est donc l'expression d'aucune force politique émergente, fût-elle populiste ou pré- ou cryptofasciste. Ce qui ne signifie évidemment pas que la politique sarkozyste ne puisse prendre des allures populistes et les lois votées par son Parlement d'allégeance être dotées de contenus intensément réactionnaires qui fassent douter des intentions « républicaines » ou « démocratiques » de leurs inspirateurs. Mais le constat qui s'impose est celui-ci : la victoire de Sarkozy n'est en aucun cas le reflet de la force de ses partisans ou de ses électeurs ; elle est

---

1. L'expression est d'Alain Badiou. Voir Alain Badiou, *De quoi Sarkozy est-il le nom ?*, Paris, Lignes, 2007.
2. Louis-Philippe avait du moins une certaine « légitimité démocratique » à porter ce titre, expression de la volonté des Chambres (peu démocratiques il est vrai). Sarkozy ne peut se targuer d'aucune légitimité de ce genre. Rappelons-lui qu'il n'est rien que chef de l'État, président de France, et qu'État et peuple ne sont en rien identiques.

plutôt le signe d'une absence et d'un retrait des forces, d'une crise avérée de la vitalité politique, d'un collapsus des énergies démocratiques, terme qu'on entendra en son sens justement politique et « énergétique », c'est-à-dire anti-journalistique.

Il n'est pas impossible que la victoire – il faudrait d'ailleurs n'employer ce mot qu'avec d'infinies précautions, cette « victoire » purement comptable étant tout autant signe d'une « défaite » politique, par négation de ce qui constitue l'essence de *la* politique – de Sarkozy soit celle de la peur, ou de la double peur dont parle Badiou dans son livre [1]. L'idée d'un triomphe de la peur, idée aux accents adorniens et horckheimeriens à l'époque où les deux figures de proue de l'École de Francfort analysaient les raisons du succès du nazisme, pourra cependant sembler un emprunt ambigu au discours des « sciences politiques » analysant la montée en puissance du Front national et de Le Pen dans les années quatre-vingt-dix. On disait alors que le vote lepéniste, jusqu'à son triomphe de 2002, était un vote réactif, un vote de défiance vis-à-vis des partis politiques dits démocratiques qui avaient exercé alternativement le pouvoir depuis vingt ans. C'était nier ce qu'il pouvait y avoir d'affirmation dans le vote en faveur du vieux dirigeant pétaino-poujadiste et de force authentique dans ce parti militairement organisé, dont on peut légitimement penser que, les circonstances étant favorables, il eût été candidat à la prise de pouvoir brutale, au putsch. En ce sens, le Front national aura probablement été le dernier parti politique à s'inscrire dans une configuration datée, d'un autre âge, très en vogue avant la Seconde Guerre mondiale (le 6 février 1934 constituant bien sûr son signe le plus visible), et dont le 13 mai 1958 a sans doute été l'ultime avatar. Mais il est vrai que Le Pen a fait peur. Car le « succès » de Chirac au deuxième tour de l'élection de 2002 a bien eu pour motif la peur, irrationnelle et déraisonnable, non seulement la peur de la « dictature fasciste » version Le Pen, mais tout autant la peur des « démocrates », peu enclins à la lutte et à la guerre, d'avoir à combattre l'ennemi redouté (et probablement redoutable).

---

1. A. Badiou, *De quoi Sarkozy est-il le nom ?*, *op. cit.*

Or rien ne semble montrer un électorat sarkozyste tétanisé par la peur, bien que rien n'indique non plus qu'une dynamique « joyeuse » (au sens spinozien où la joie est signe d'un accroissement de la force, du *conatus* en tant qu'effort pour persévérer dans son être) soit à l'œuvre. À vrai dire, pour comprendre de quoi est composé le sinistre jeu politique actuel, il faut se souvenir de l'état des forces – ou plutôt des faiblesses – en présence au moment de l'élection d'avril-mai. Sarkozy *versus* Royal. Même médiocrité de ton reflétant la médiocrité du personnel politique actuel en général et des « leaders » des deux partis politiques dominants en particulier, même absence de volonté politique en dépit de la rhétorique du changement que chaque candidat prétendait incarner, même incapacité à faire croire que la politique gouvernementale est encore à même de porter une quelconque espérance ou d'incarner un dessein, ce que Mitterrand et peut-être le premier Chirac avaient encore réussi à faire. La faiblesse donc. Le spectacle d'une politique totalement dévirilisée, faite d'appels larmoyants au respect mutuel, aux bonnes manières et au fair-play, contaminée par une moraline inconsistante et creuse censée convaincre les téléspectateurs-citoyens du triomphe de la morale civique et de la politique enfin vertueuse. Bayrou, l'outsider, eût-il été présent au second tour que les choses n'auraient en rien été changées : dans tous les cas de figure, on aurait assisté à des séances de petit catéchisme creux, alliant les tendances molles du catholicisme issu du concile Vatican II à celles, plus musclées, des zélateurs de Pie XII. Les deux candidats qui avaient sérieusement des chances de devenir président avaient promis beaucoup, l'un jurant d'en finir avec mai 1968 et ne réussissant pour l'instant qu'à faire ressurgir le « spectre » de décembre 1995, l'autre (la candidate dont Bourdieu disait-il y a une dizaine d'années qu'elle avait des *habitus* de droite) tenant un discours aussi réactionnaire que celui de l'adversaire (ou plutôt du *challenger*) qu'elle prétendait combattre, l'apparente bonne foi et le *look* chrétien-démocrate en plus. Les six mois de présidence Sarkozy ont montré que les promesses n'engageaient, selon la formule, que ceux qui y croyaient ou s'y laissaient prendre, et que la politique et l'État n'ont pas pour fonction de prendre en charge les problèmes réels de la communauté politique, du peuple, auquel le président a d'ailleurs très vite montré, par son train de vie de nouveau riche, qu'il ne s'identifiait pas. Il n'y a aucune raison de penser que, Royal élue, elle aurait mis en œuvre les réformes qu'elle proposait, la main sur le cœur, à ceux qui participaient à ses « débats participatifs » – ce leurre de la démocratie version PS –, réformes qui n'avaient pourtant rien de révolutionnaires et ne semblaient pas menacer l'ordre social et politique actuel [1]. On se souvient que Jospin, alors Premier ministre, avait expliqué avec une sincérité confondante aux ouvriers licenciés de Renault à Wilword que le rôle de l'État et du chef du gouvernement n'était pas de tout gérer, et surtout pas de se substituer aux décisions des entreprises.

Dans l'état d'anémie et de consomption des forces, quand le corps étique ne parvient plus à se conserver seul et que le pronostic vital est engagé, il n'y a qu'une solution : la perfusion, l'augmentation de la force par des forces extérieures avec l'espoir que cela suffira au renforcement de l'organisme. Sarkozy et Royal n'étaient pas dupes de leurs discours. Ils savaient évidemment que le discours électoral n'est rien d'autre qu'un opérateur électoral, c'est-à-dire une pure opération de marketing et de communication. Conscients que les seules forces dont ils étaient les représentants et sur lesquelles ils pouvaient compter étaient celles de leurs appareils, ou d'une partie de ceux-ci – les anti-chiraquiens dans un cas, les « nouveaux électeurs » à vingt euros dans l'autre –, ils savaient aussi qu'en cas de victoire, il leur faudrait changer de discours, s'adapter à l'habit de la nouvelle fonction, quitte à « décevoir ». En aucun cas il ne s'agirait de trahison, le mot ayant été, semble-t-il, définitivement liquidé du vocabulaire politique et, avec lui, les châtiments que l'on

---

1. On se souviendra ici qu'elle confia après l'élection que la plupart de ces réformes avaient été décidées par le Parti (le sien !), mais qu'elle n'y avait jamais cru. Il n'est pas impossible en fait qu'elle ait beaucoup plus cru au programme de son challenger. En vérité, elle eût probablement fait un excellent Premier ministre de Sarkozy.

réservait d'ordinaire aux traîtres. Dès lors la question est simple : que faire d'un corps sans forces, que faire de ce corps politique malade (les Français, le peuple), lequel attend beaucoup et a témoigné au cours de cette élection d'une foi et d'un abandon religieux qui relèvent de la mystique (Péguy), auquel on a promis beaucoup, mais qui, en définitive, ne recevra rien, devra seulement se satisfaire d'être pauvre et espérer pouvoir « travailler plus », si l'administration veut toutefois bien simplifier les réglementations qui le leur permettront ? Lorsque la politique est sans force, ni dans l'État ni dans le peuple, ces deux structures essentielles mais contradictoires qui en font sa substance, il ne reste que l'ordre policier. La victoire de Sarkozy – mais Royal eût-elle gagné qu'on n'aurait eu, pour écrire ici, qu'à changer de nom propre – est celle de l'ordre policier, ce qui ne signifie pas que partout où triomphe l'ordre policier les forces politiques soient exsangues.

Au sens strict et classique du terme, un État libéral n'est pas un État policier. L'État libéral mise sur le libre jeu des forces économiques et politiques, lesquelles, animées par l'esprit d'utilité publique, contribuent de conserve au bien-être de la communauté. La philosophie libérale n'est, de ce point de vue, pas moins éloignée de l'utopie que la philosophie communiste léniniste qui fait de la fin de l'État et de ses appareils répressifs un horizon nécessaire. Si l'État est policier, il n'est donc pas libéral. Or l'État sarkozyen, comme le chiraquien, est policier. Donc il n'est pas libéral, en dépit des apparences. D'abord, sur le mode ridicule et niais du « je veux », Sarkozy décrète les 3 % de croissance. L'idéologie dominante dit que la croissance est la clé du bien-être social. Les États-Unis ont pourtant une croissance économique deux fois supérieure à la France, la Chine au moins trois fois, mais dans ces deux pays moteurs de la croissance mondiale, les inégalités sociales ne font qu'augmenter. Évidemment, le problème est celui de la répartition, question singulièrement absente des débats politiques actuels. Que dit Sarkozy ? Que les caisses de l'État sont vides, qu'il n'est pas le Père Noël (*sic*) et que les Français le savent, qu'il ne reste aux ouvriers et employés qu'à coller à leur essence de travailleurs, c'est-à-dire à travailler pendant que les riches tireront de larges profits de leurs placements spéculatifs. Le dernier show télévisé du président [1] a montré la vraie nature du socle pétainiste [2] auquel sa technique politique se rattache. Il s'agissait bien pour lui – mais peut-être est-il encore un peu jeune pour cela – de tenir « le langage d'un Père ». « *Les temps sont certes des temps difficiles, mais je vous aiderai dans la tâche. Soyez courageux, je vous protégerai.* » Quelques mois avant lui, à l'occasion de son départ de l'Élysée, Chirac avait osé un « *Je vous aime* » aux Français, la larme à l'œil. À l'évidence, les juges qui l'ont récemment mis en examen ont été insensibles à cette déclaration qui aurait dû pourtant leur aller droit au cœur. Que peut donc donner Sarkozy à ceux qui ont cru en lui ? Un espoir. Que la croissance revienne. Attali, l'ex-fou du roi de Mitterrand, travaille pour lever les obstacles à la croissance. Même les stars de la science l'aident dans sa tâche : Cyrulnik. Patience. En attendant, compassion et protection. La police donc.

Car s'il est un temps pour tenir le « langage du père », il en est un autre pour le « langage du chef ». Sarkozy tiendra donc aussi ce langage-là. On l'a vu depuis 2004 exciter les fauves de sa police pour remettre de l'ordre dans les banlieues, en finir avec la « racaille », passer les Z.U.S. au *Kärcher*, ce substitut policé du lance-flammes. Flanqué de porte-couteaux aux dents longues du type Hortefeux, le chef a décidé qu'il fallait faire mieux. On ne décrète pas la croissance économique qui dépend de l'environnement mondial, lequel, en temps de libéralisme économique débridé, finit par devenir incompréhensible même à ses promoteurs les plus zélés [3] ; on ne peut

---

1. Le 29 novembre 2007 sur TF1 et France 2.
2. C'est Alain Badiou qui montre que le sarkozysme se rattache au pétainisme, lequel précède de loin le Maréchal, puisque Badiou en fait remonter l'origine à la Restauration. Il existerait donc en France un « *pétainisme transcendantal* », forme essentielle de l'*épistémè* politique. Voir Badiou, *De quoi Sarkozy est-il le nom ?*, op. cit.
3. « *This time, market players seem truly horrified – because they've suddenly realized that they don't understand the complex financial system they've created* », écrit l'économiste anti-Bush Paul Krugman. *The New York Times*, supplément au journal *Le Monde*, 8 décembre 2007, p. 2.

sans s'aliéner les héritiers des deux cents familles obliger les
grands groupes financiers et industriels à céder au petit peuple
des parts de leurs gâteaux financiers; on ne peut décréter que
les travailleurs de ce pays auront le moral et continueront de
soutenir la croissance par une consommation à crédit. Mais
on peut décider – la mesure ne coûtant rien, même pas la
réprobation des intellectuels dont la plupart semblent avoir
renoncé à toute initiative critique et se terrer dans un silence
de complaisance et de collaboration – qu'on expulsera vingt-
cinq mille sans papiers d'ici la fin de l'année, qu'on organisera
des rafles dans les quartiers à forte concentration étrangère
(arabe, noire, chinoise...), qu'on soumettra les hommes et les
femmes des ex-colonies candidats au regroupement familial à
des tests génétiques. Royal et les socialistes n'ont jamais mis en
question le principe des expulsions et des rafles, et pour cause :
Jospin, Chevènement et Vaillant ne se distinguèrent de Sarkozy
et Hortefeux que par le légalisme idéologique dont ils voulaient
encadrer leur dispositif raciste [1]. Jamais, depuis vingt ans, on n'a
entendu un « responsable » PS remettre en cause ce principe,
Rocard ayant, dès 1988, donné le dernier mot de la philosophie
officielle des socialistes sur ce sujet.

De cette politique ignoble dont sont coupables tous les
partis politiques qui ont participé aux gouvernements français
depuis vingt ans, politique qui a fini par convaincre de très
larges couches de la population française qu'elle était la seule
possible – Pétain avait aussi réussi à convaincre une majorité de
Français que la collaboration était une politique nécessaire –, on
ne peut qu'imaginer qu'elle se poursuivra dans la surenchère.

1. Le 24 novembre 1998, au cours d'un entretien à *France-Info*, Lionel Jospin qui
était alors Premier ministre du président Chirac déclarait, cynique : « *Les autres*
(les sans-papiers qui ne partiront pas "naturellement", N.D.R.), *nous n'irons pas les
chercher. Ils ont fait un acte de confiance, on ne va pas aller les chercher chez eux. Cela, c'est
exclu. Mais naturellement, si tel ou tel se trouve à un moment contrôlé, ils auront vocation
à être reconduits à la frontière dans des conditions honorables.* » Ce qui ne signifiait rien
d'autre que, pour *survivre*, les sans-papiers vivant sous un gouvernement social-
démocrate furent obligés de se cacher. Et, s'ils désiraient tant que cela rester en
France, on leur suggérait de fait de mourir chez eux. Voir Philippe Hauser, « D'un
homme qui ne serait plus un animal politique », *Lignes* n° 36, automne 1999.

Vingt-cinq mille expulsions cette année, il en faudra trente ou quarante mille l'an prochain. Mais les chiffres sont sans importance, le problème n'étant pas de statistique – de police donc –, mais de politique. Faut-il rappeler ici ce truisme, qui semble cependant n'en être plus un pour beaucoup, que c'est à la manière dont il traite ses « marges », les fous, les prisonniers, les étrangers, les « marginaux » de toutes sortes que l'on reconnaît la qualité « républicaine » (en un sens kantien) d'un État ? Or, incapable d'accomplir ses promesses de bien-être public pour tous, Sarkozy n'a pas trahi quand il s'est agi de créer un « Ministère de l'identité nationale et de l'immigration », dont le motif pétainiste ne devrait abuser personne. Il y a bien continuité avec les politiques des gouvernements de droite et de gauche du passé, mais il y a aussi un élément nouveau qui ne saurait être négligé. Tout particulièrement celui qui concerne le grand retour de l'idéologie, ou plutôt de la mythologie raciste inventée au temps du colonialisme triomphant. Après la « loi n° 2005-158 du 23 février 2005 portant reconnaissance de la Nation et contribution nationale en faveur des Français rapatriés », qui vante les mérites de la colonisation en donnant au passage des garanties de solidarité nationale aux anciens de l'OAS, le discours de Dakar, écrit par le conseiller personnel du Président, Henri Guaino, lequel avoue sa sensibilité barrésienne mais refuse de dire s'il est ou s'il n'est pas raciste [1], a donné au monde et surtout aux Africains une idée très précise de la représentation française de l'histoire et de son analyse du phénomène du sous-développement. On peut être certain que depuis la fin de la Seconde Guerre mondiale, aucun discours de ce type – c'est-à-dire du type raciste humaniste qui dit en substance aux sous-développés : « Encore un effort si vous voulez être humains ! –, n'avait plus été tenu. Cette mythologie n'est que l'envers théorique de l'ordre policier qui déploie ses effets

---

1. *Libération*, 20-21 octobre 2007, p. 6-7. H. Guaino dit : « *Il y a le problème personnel : quand on dit " Guaino est un raciste ", cela n'a plus rien à voir avec mes fonctions. Cela ne regarde que moi.* » Ainsi, que le principal conseiller du « *Président de tous les Français* » soit ou ne soit pas raciste devient un problème purement privé, comme s'il était homosexuel ou végétarien.

pratiques au cœur de la structure sociale. En ce sens, il était
nécessaire et non simplement possible qu'elle advînt. L'Africain
d'Afrique n'est pas assez entré dans l'histoire mondiale, tout
comme l'Africain ou l'Arabe de Villiers-le-Bel ne sont pas assez
entrés dans l'histoire française, universaliste en son essence.
Aux Africains donc de s'approprier cette histoire, c'est-à-dire
d'accepter l'ordre capitaliste mondial et sa nature essentiellement inégalitaire et absolument défavorable aux États et aux
populations les plus pauvres, aux étrangers de France d'entrer
dans l'histoire que l'État sarkozyen est en train d'écrire, c'est-à-
dire d'accepter la loi qui leur est imposée sous couvert d'intégration : celle des couvre-feux, des contrôles policiers au faciès,
des stigmatisations et des persécutions racistes, des statistiques
et des fichages, des déportations en centres de rétention et des
expulsions massives.

Depuis la fin du XIXᵉ siècle, c'est-à-dire à partir des premières
grandes migrations contemporaines en France, la question des
étrangers et du droit des étrangers au sein de la nation constitue
le point nodal de la politique nationale, à partir duquel se
déploient deux régimes spécifiques et inconciliables de discours
et de pratiques qui tracent une séparation sans recours au sein
de la communauté politique. Les étrangers forment le « *corps
tuable* [1] » des sociétés démocratiques contemporaines, dont la
vie ou la survie dépend du bon vouloir des gouvernements qui
les accueillent ou les tolèrent, et des lois et règlements qui leur
sont appliqués mais à la décision desquels ils ne participent,
en droit comme en fait, jamais. La citoyenneté des étrangers
était un thème dont la gauche gouvernementale parlait il y
a une vingtaine d'années, quand elle n'avait pas encore été
totalement contaminée par l'idéologie réactionnaire qui est la
sienne depuis lors. La question n'est évidemment plus à l'ordre
du jour. Que l'étranger ne puisse surgir, au sein du discours,
que sous la forme d'un problème, voilà qui en dit long sur la
vitalité anachronique de l'État national à l'heure de la mondia-

---

1. Sur cette question, voir P. Hauser, *La Désolation du monde*, Paris, L'Harmattan,
2005.

lisation. Mais, depuis deux décennies, la question de l'étranger s'est vue complexifiée par celle des sans-papiers, qui sont aux étrangers ce que la femme était, selon Engels, au prolétaire : le sans-papiers est l'étranger de l'étranger. Évidemment, une politique républicaine respectueuse des sacro-saints droits de l'homme ne menace jamais, en droit, l'étranger en règle avec la loi. Mais, de même que le gouvernement américain ne cherche pas *pour l'instant* à frapper de mesures d'expulsion les dix ou onze millions de clandestins qui constituent une extraordinaire réserve de force de travail à bas coût, mais se réserve le droit de le faire en d'autres temps, quand le marché du travail subira un inévitable rétrécissement, les étrangers réguliers de France seront menacés lorsque, selon le bon plaisir d'un État qui joue avec la vie des hommes comme s'il s'agissait de simples choses jetables, une législation nouvelle décidera qu'ils mettent en péril l'identité et la cohésion nationales. On peut gager que même ceux qui montreront alors des signes patents d'intégration, ou qui clameront devant les policiers ou les juges qu'ils aiment la France, ne seront pas mieux préservés que les autres dans leurs droits. Le projet d'une « immigration choisie » et son dispositif de quotas montrent que le statut de l'étranger en France est aujourd'hui en suspens. Qu'on n'en soit pas encore là ne change rien à l'affaire, car au train où vont les choses, on peut imaginer qu'à la fin du quinquennat de Sarkozy, il ne restera plus beaucoup de sans-papiers à expulser, et qu'il faudra bien alors poursuivre ces œuvres de basse politique en s'en prenant à d'autres catégories du corps social. Ainsi, les politiques de droite comme de gauche qui, par la rafle, l'expulsion et les persécutions de toute nature, visent les sans-papiers, visent tout autant, quoique de manière indirecte et différée, les étrangers *« qui séjournent légalement sur notre territoire »*, selon la formule consacrée. La distinction entre réguliers et clandestins n'est donc qu'une argutie juridique destinée à masquer le fond des choses : que la politique menée par le ministère de l'Identité nationale et de l'immigration n'est rien d'autre qu'une politique de purification du corps national de ce qui vient mettre en péril ladite identité, et que cette politique, pour ostentatoire qu'elle soit depuis six mois, n'en constitue pas moins le socle commun aux partis de gouvernement de droite et de gauche.

Les trahisons à répétition des personnalités « de gauche » – Kouchner, Strauss-Kahn, Rocard, Attali, Glucksmann, Lang (?)... – fournissent ici un indice majeur sur l'état de la gauche actuelle : elle est bien ce « *grand cadavre* » puant la charogne dont parlait Sartre il y a cinquante ans. Ajoutons ceci : il faut espérer que, cette fois-ci, elle ne se relèvera pas. Les mobilisations sociales actuelles, chez les cheminots comme chez les étudiants, montrent avec clarté la volonté des forces sociales (minoritaires) d'en finir avec les appareils (le PS, l'UNEF, la CGT...) qui sont les foncteurs historiques de la destruction des forces politiques. De cette destruction dépend la possibilité d'un retour de la politique, c'est-à-dire d'un retour des luttes, d'une régénération des forces politiques sans laquelle le sarko-royalisme continuera de produire ses effets délétères. La situation de la gauche est sans espoir, le PS étant à l'image de sa candidate : un ramassis de morts-vivants sous perfusion qui, pour retarder la fin, sont prêts à toutes les compromissions avec les nouveaux maîtres au pouvoir. Engels écrivait qu'il n'y a pas plus grand espoir que lorsque la situation est désespérée. Nous en sommes là.

Un pôle de radicalité

Jean-Loup Amselle

Pour tenter de sortir de l'état d'hébétude dans lequel sont plongés les intellectuels de gauche et pour essayer de définir les voies d'accès à une posture de résistance et de constitution d'un pôle de radicalité, il faut au préalable définir ce qu'est le sarkozysme dans son originalité relative, c'est-à-dire le distinguer des politiques de droite qui l'ont précédé. Qu'en est-il de la nouveauté du sarkozysme? Son mode d'être est-il radicalement différent du chiraquisme, ou ne constitue-t-il en fait qu'un prolongement, qu'une systématisation ou une radicalisation de celui-ci? Telle est la question à laquelle nous devons tout d'abord répondre.

Avant le 6 mai 2007, nous nous sommes fait peur en pointant le caractère « fasciste » de Sarkozy, tout comme nos aînés avaient pointé le caractère « fasciste » du « coup d'État » du général de Gaulle en 1958. Or, il s'avère que sitôt élu, le nouveau président de la République pratique l'ouverture à gauche et fait entrer la « diversité » au gouvernement en recrutant des ministres « black » et « beur ». Peut-on être « fasciste » lorsque l'on accorde une place à l'opposition ou lorsque l'on adopte des positions « multicoloristes »? Oui et non.

Non, parce que cela dérange le schème de pensée habituel qui aurait voulu que Sarkozy ayant chassé, lors de la campagne présidentielle, sur les terres de Le Pen, il s'engageât dans une politique davantage axée en direction de l'extrême droite et de l'identité nationale « blanche ». Mais, depuis longtemps, on a pu remarquer que notre président et ancien ministre de l'Intérieur pratique magnifiquement l'art du contre-pied. Quant à l'opposition de « gauche », l'était-elle vraiment? Le sarkozysme n'a-t-il pas simplement joué le rôle de révélateur de son inconsistance? En réalité, cela fait bien longtemps, au moins depuis les deux mandats de Mitterrand, voire depuis la présidence de Giscard, que des présidents de droite font des politiques de gauche et des présidents de gauche des politiques de droite. Il devrait être clair désormais que les termes de « gauche » et de « droite » ne sont que des étiquettes qui masquent la profonde homogénéité culturelle de la classe politique française, de sorte que l'alternance peut se pratiquer aussi bien entre majorités distinctes que par un jeu de permutation et de substituabilité individuelles. Au sortir de l'ENA, le choix de nos futurs hauts fonctionnaires pour le PS ou pour l'UMP n'est-il pas souvent le simple résultat du flair politique et d'un pur calcul d'opportunité ?

La question à laquelle il convient donc de répondre, on l'a déjà dit, avant d'essayer de définir une posture de résistance – mais cette façon de poser la question ne revient-elle pas elle-même à poser d'emblée la nature « fasciste » du régime actuel ? – est de tenter de déterminer si le sarkozysme est une pensée et une pratique politique véritablement originales.

La nouveauté du sarkozysme

Il convient de remarquer en premier lieu que, pour reprendre l'expression qu'il affectionne, notre nouveau président n'est pas « *un perdreau de l'année* ». Militant depuis de nombreuses années au RPR et à l'UMP, député-maire de Neuilly, ministre de l'Intérieur et de l'Économie sous Chirac, Sarkozy a été intimement lié à la politique chiraquienne, et son action, de ce point de vue, ne peut être dissociée de celle de son ancien maître. Entre le « *bruit et l'odeur* » des immigrés, la politique d'immigration de Charles Pasqua et la « karcherisation » des « *racailles* » des banlieues, il y a assurément une continuité, même si « l'humanisme » de Chirac et son ouverture aux « autres cultures », à l'immigration et au passé colonial de la France manifeste une certaine différence de style par rapport à celui de son successeur. L'indifférence, voire l'hostilité de Sarkozy à l'égard du Musée du Quai Branly, de la Cité nationale de l'histoire de l'immigration ou de la commémoration de l'esclavage, voire de la « haute » culture en général, est le pendant de sa fascination pour le luxe et le clinquant. Si l'on voulait résumer d'une formule ce changement de style, on pourrait dire que l'on est passé, d'un président à l'autre, des « Arts premiers » à « Prada ». Il y a donc un côté plus « bling bling », plus parvenu et plus vulgaire dans le style sarkozyste, ce qui pose à son tour le problème de la « pipolisation » et de la « décomplexion » de ce régime.

La pipolisation

La pipolisation est un thème important, peut-être le plus important, pour tenter de définir une voie d'accès à une stratégie de résistance, puisqu'elle nous interpelle directement en tant qu'intellectuels. Notre ère serait révolue nous dit-on, et nous autres dinosaures, héritiers des Sartre, Derrida ou Deleuze d'autrefois, devrions céder la place aux vedettes du show-business. « Doc Gynéco plutôt que Foucault », telle pourrait être l'autre devise du sarkozysme. Et il est vrai que les mouvements sociaux se coulent eux-mêmes dans ce schéma puisque les manifestations d'opposition au gouvernement font désormais intervenir des vedettes de cinéma plutôt que des intellectuels et que certains leaders syndicaux ne détestent pas se faire voir en compagnie de « pipoles ». Il n'y a d'ailleurs pas lieu de le déplorer car il est fort possible que la longue tradition des intellectuels contestataires, celle qui va de Voltaire à Bourdieu en passant par Gide, ait fait son temps, même si l'on peut avoir quelque doute sur cette « défaite de la pensée » face à la suprématie de la « culture de masse » proclamée par le nouveau régime. Les « intellos » doivent-ils rester tétanisés, telle la proie devant le serpent, et retourner à leurs chères études, ou ont-ils encore quelque motif d'espérer? On voudrait en voir le signe dans l'insistance avec laquelle Sarkozy s'est employé à rallier quelques « grandes figures » de l'intelligentsia parisienne parfois avec succès (Glucksmann, Finkielkraut) parfois en essuyant un échec (Bernard-Henri Lévy). Un autre signe pourrait être celui du discours de Dakar, dont le caractère scandaleux et provocateur révèle également les prétentions à la fois intellec-tuelles et politiques du tandem Guaino-Sarkozy. En puisant dans le référentiel de l'ethnologie africaniste la plus obsolète, Guaino et Sarkozy sont parfaitement parvenus à leurs fins, à savoir: provoquer les réactions postcoloniales les plus outrancières, celles qui assimilent les participants africains à la traite négrière à des « collabos », passant par là même sous silence le caractère profondément esclavagiste de nombre de sociétés africaines précoloniales. Mais le but a été atteint par nos deux compères puisque, d'une part, il fallait conforter l'identité nationale « blanche » et donner ainsi des gages à l'extrême droite et, d'autre part, renouer avec le style impérial du discours de De Gaulle à Brazzaville en 1944. En cela, le discours de Dakar montre éloquemment que l'on n'est pas encore pleinement entré dans l'ère de la « fin des idéologies » et qu'il reste important de prouver, comme l'avaient fait en leur temps et à leur manière Jean-Marie Le Pen et Alain de Benoist, ancêtres de Guaino et Sarkozy, que la lutte politique est d'abord et avant tout une lutte portant sur les *mots*. Cette façon de renvoyer « l' » Africain « noir » au passé et donc, par prétérition, l'Européen « blanc » à l'avenir et cette autre façon de séparer l'Afrique « blanche » de l'Afrique « noire » pour mieux l'intégrer à l'Euroméditerrannée est déjà tout un programme qui, s'il est avant tout économique, est aussi politique et intellectuel. Il dessine en effet en creux la distinction entre des pays africains qui sont de réels partenaires comme le Maroc, de pays comme le Tchad, où la France peut continuer à pratiquer le « droit d'ingérence », cher à Kouchner, nouvelle mouture du « droit de la canonnière » du XIXᵉ siècle.

Cette permanence de l'idéologie face à la pipolisation et à la dictature de la « culture de masse » fournit donc non seulement un motif d'espoir mais également un espace d'intervention aux intellectuels critiques. De ce point de vue, la réaction de Bernard-Henri Lévy taxant de « raciste » le discours de Sarkozy à Dakar ne doit pas être dédaignée, car même si elle émane d'un philosophe-pipole, elle a eu le don de pousser Henri Guaino hors de ses gonds, ce qui n'est pas un mince mérite. Les intellos « *old style* », les vieux soixante-huitards que l'on voudrait ringuardiser n'ont donc pas à se sentir complexés face aux vedettes du show-biz et ils doivent résister en ne cédant pas à cette entreprise de démobilisation et de disqualification systématiques de leur corporation. Le pouvoir actuel craint les intellectuels et est sensible à leurs critiques. Quelques succès ou plutôt quelques reculades ont déjà eu lieu : l'affaire de l'ADN a tourné en eau de boudin ; l'inauguration de l'Institut d'études sur l'immigration et l'intégration présidée par l'académicienne raciste Hélène Carrère d'Encausse a été repoussée à la suite de la levée de boucliers de chercheurs en sciences sociales ; les statistiques ethniques, instrument majeur de l'établissement d'une identité nationale blanche, ont été retoquées par le Conseil constitutionnel. L'abrogation de la loi sur l'immigration de Brice Hortefeux est par ailleurs devenue le mot d'ordre du mouvement étudiant. Ce ne sont que des signes, qui, s'ils ne sont pas suffisants pour permettre la définition d'un programme politique alternatif (on se bat sur le terrain de l'adversaire), montrent néanmoins que la « décomplexion » du pouvoir, c'est-à-dire son assurance ou sa superbe, commence à se fissurer. Mais qu'en est-il au juste de cette décomplexion et sur quoi repose-t-elle ?

La décomplexion

La décomplexion de la droite sûre d'elle-même, souveraine et dominatrice est avant tout le résultat de l'effondrement du récit marxiste et de l'écroulement du « socialisme réel ». La « nouvelle philosophie » et la pensée postmoderne ont disqualifié le récit des Lumières et ce qui en procède, l'hégéliano-marxisme. En lieu et place, sont apparus des micro-récits axés sur l'idée de l'existence d'une multitude d'individus fragmentés et nomades, micro-récits qui tendent à montrer que tout changement est impossible, puisque le capitalisme lui-même a déjà accompli sa mutation. Dans le domaine parallèle de l'histoire politique, la chute du Mur de Berlin a montré que le capitalisme était devenu la vérité indépassable, non seulement de notre temps mais de tous les temps, signant inéluctablement par là même, et d'une façon qui n'est pas sans rappeler l'économie politique classique, une véritable « fin de l'histoire ». C'est sur ce nouveau récit, car il s'agit bien d'un mythe qui prend la place d'un autre mythe, que prend appui la décomplexion du pouvoir de Sarkozy en cela pas véritablement différent des autres pouvoirs européens représentatifs de la « révolution conservatrice ». Puisqu'il n'y a pas d'alternative, pas d'autre système économique possible, allons-y franchement, jouissons sans entraves de notre richesse, adaptons notre appareil productif à la mondialisation, liquidons ce qui reste du mouvement ouvrier en s'attaquant aux « avantages acquis » qui sont en réalité autant de survivances d'un autre âge et qui freinent l'entrée de notre pays dans un monde désormais globalisé. Toujours selon ce discours, il convient que le travailleur de France tienne son rang face au travailleur chinois ou indien, c'est-à-dire que le coût de sa force de travail ne soit pas supérieur au leur, sinon il n'y aura d'autre solution que la délocalisation. La décomplexion, ce n'est donc pas autre chose que l'assomption de la loi d'airain du marché mondial. Il n'y a plus désormais place, dans ce dispositif, pour un État providence conçu comme le produit d'un rapport de forces favorable au travail tel qu'il avait été obtenu à l'issue de la Seconde Guerre mondiale et maintenu pendant les Trente Glorieuses, à une époque où la reconstruction et la satisfaction des besoins du marché intérieur suffisaient à maintenir un appareil économique performant. Mais tout cela est terminé, il faut dorénavant s'ouvrir au vent du grand large dans un monde pour lequel l'économie française est mal armée. Il faut donc liquider les archaïsmes, les corporatismes, tout ce qui freine l'essor impérieux du marché. Dans cette conjoncture, ce sont évidemment les fonctionnaires - ces nantis réclamant « toujours plus » (François de Closets) – qui sont les premiers visés et à leur tête les enseignants-chercheurs-professeurs qui fournissent le gros des troupes de la contestation. Réduisons donc les effectifs de la fonction publique, supprimons des milliers de postes de professeurs de façon à obtenir un enseignement « light », voie royale vers la privatisation de l'enseignement qui fera disparaître le vain espoir de centaines de milliers de parents et d'enfants de voir le système scolaire jouer le rôle d'ascenseur social. Car ces centaines de milliers d'enfants n'ont rien à faire dans l'enseignement secondaire général, il faut donc que se créent des écoles privées où iront les gosses de riches, les autres allant rejoindre les rangs des travailleurs précaires. Il n'en va pas différemment dans le domaine de la culture où il s'agit d'assurer la disparition de l'« État culturel » (Marc Fumaroli) pour permettre au marché de s'exprimer. Il conviendra donc, selon la feuille de route donnée par Sarkozy à Christine Albanel, ministre de la Culture, de cesser d'imposer d'en haut le « choc culturel » cher à Malraux et, à l'inverse, de favoriser l'expression supposée des goûts du public, bref de faire pleinement droit à la culture de masse.

Ce démantèlement de l'Etat-providence n'est évidemment pas une nouveauté puisqu'il remonte au moins à la thématique de la fin des années 1960 de la « société bloquée » chère à Jacques Chaban-Delmas et au sociologue Michel Crozier. Il s'inscrit dans la continuité de ce qui s'est fait sous les deux présidences chiraquiennes, voire sous Mitterrand, mais on est désormais passé à la vitesse supérieure. Ce sont bien entendu tous les services publics qui y ont droit (sécurité sociale, justice etc.) mais surtout c'est la notion d'État-providence qui disparaît au profit, dans le domaine de la justice par exemple, de la défense de l'individu et de la sacralisation du droit des victimes. On se dirige comme aux États-Unis, vers un système judiciaire et des procès qui ne visent pas tant à rendre la justice selon le droit qu'à établir un arbitrage entre les droits des prévenus et ceux des victimes, ce qui est corroboré par la volonté proclamée de poursuivre les criminels irresponsables, c'est-à-dire les malades mentaux. Cette réforme de la justice qui s'accompagne d'une sur-répression à l'égard des récidivistes et des mineurs avec l'établissement de peines planchers et la multiplication de centres fermés dessine les contours d'un État de surveillance biopolitique dans lequel le champ de la déviance pourra être exploré dès le plus jeune âge, dès l'école maternelle, quand il ne sera pas traqué en remontant le fil des générations grâce à la méthode génétique.

On peut donc envisager à terme une sorte de thérapie génique de l'ensemble du corps social, ce qui permettrait de supprimer toute forme de contestation assimilée à une déviance. Ainsi se trouverait réalisée la double prophétie de Foucault et d'Orwell, avec Nicolas Sarkozy dans le rôle du Little Big Brother.

L'ère de la communication

Nous voici donc placés devant un Président omniprésent, omniscient et omnipotent. Avec lui disparaissent les corps intermédiaires : ministres, députés, Parlement. Il gouverne seul, ou plutôt en compagnie de ses conseillers qui sont autant de ministres *bis* qui doublent les ministres officiels en « communiquant ». En cela, la communication se substitue à la politique dans la mesure où nous sommes entrés désormais dans le règne de la « guerre des images ». Chaque jour, l'ogre Sarkozy a besoin de dévorer une nouvelle image (une « carte postale » dans le langage de la communication) car son principe consiste à diviser le corps social pour mieux régner. On a déjà évoqué à son propos l'art du contre-pied. Chaque échec ou reculade de sa part doit être compensé le jour suivant par une reprise d'initiative dans un autre domaine. Je ne suis jamais là où vous croyez que je suis, et vous êtes toujours ailleurs que là où je me trouve. L'essentiel est de jouer sur le registre des « émotions », de la « compassion », du *story telling* et c'est là que l'on retrouve la thématique des « victimes », non dans le domaine judiciaire cette fois, mais dans le domaine éminemment flou de l'imprévisible. Chaque catastrophe, chaque accident, aussi mineurs soient-ils (incendie, inondation, chiens dangereux, etc.), permet ainsi de rebondir sur le plan communicationnel et d'occuper le terrain médiatique. Ce jeu d'esquive et de cache-cache perpétuel est donc érigé en art de gouvernement, ce qui a l'art de dérouter l'opposition si tant est qu'elle existe, mais surtout de l'empêcher de se reconstituer. Cet art de surfer sur les événements, sur l'événement, cette véritable stratégie de la tension médiatique peut bien sûr en cas de crise grave, conduire à créer l'événement pour capter l'attention d'un public qui

pourrait être obnubilé par certains aspects touchant de très
près à sa vie quotidienne (pouvoir d'achat, etc.). Ce sont là les
limites et les dangers du spectacle sarkozyste. Pour l'instant
l'illusionniste tient bon et continue de sortir chaque jour des
lapins de son chapeau, mais que survienne une menace pour
son pouvoir et l'on verra se mettre en place un état de siège qui,
loin de se limiter au monde de la communication, prendra la
forme d'une occupation militaire du terrain, telle qu'elle a eu
lieu à Villiers-le-Bel fin novembre 2007.

Une opposition est-elle possible ?

Si Sarkozy a remporté l'élection du 6 mai, c'est sans doute à
ses talents de prestidigitateur et de communicant qu'il le doit,
mais c'est aussi parce qu'il a su rallier derrière sa candidature à
la fois les riches et les pauvres. Alors que le PS n'a pas réussi à
sortir de son rôle de représentant des classes moyennes, Sarkozy
ou ses conseillers, en bons lecteurs de Gramsci, ont su réaliser
une alliance de classes ou un « bloc historique » réunissant les
classes possédantes anxieuses de sauvegarder ou d'accroître
leurs privilèges et les classes populaires soucieuses de bénéficier
de sécurité et de protection. L'alliance conservatrice de ces
deux peurs, ou de ces deux besoins de réconfort, a ainsi assuré
la victoire du candidat de l'U.M.P, la candidate socialiste,
mollement soutenue par son camp, ne paraissant pas assez
rassurante, ni pour les possédants ni pour les démunis. Cette
défaite de la « gauche », ou plutôt d'une gauche de droite, a assuré
le succès de la droite de la droite et a permis à Sarkozy, grâce
à son talent, de décomposer cette gauche de droite, elle-même
sur le point d'imploser avant le 6 mai. Depuis sa victoire, cette
gauche soumise au feu de l'ouverture n'en finit pas de déliter
au point que l'on peut se demander s'il va bientôt en subsister
quelques éléments. En effet, le PS a bien du mal à recomposer
ses forces puisqu'il est placé sous l'action incessante du cyclone
sarkozyste, lequel, par son jeu de cache-cache perpétuel, parvient
à neutraliser, sinon à étouffer, toute velléité de reconstitution
d'un pôle consistant de contestation politique.

La rénovation défendue par certains courants du PS et l'abandon de la notion même de « socialisme » signent donc la droitisation de ce parti et son alignement sur les positions des « Gracques », club servant, de même que toute la série de « commissions » créées par le régime, à la fois de zone de transit et de sas de décompression pour des socialistes « sarko-compatibles », c'est-à-dire en passe de rejoindre les positions sarkozystes ou les rangs du gouvernement.

À l'heure actuelle, il ne s'est pas encore produit de décantation au sein de cet ensemble flou constitué par la droite de la gauche et la « gauche » sarkozyste. Tel qui a rédigé les discours de Ségolène Royal pendant la campagne présidentielle appelle au déblocage des universités occupées par les étudiants hostiles à la loi Pécresse. Tel autre qui est membre des Gracques et qui fait partie d'une de ces commissions ainsi que du staff d'un institut officiel sur l'immigration est en même temps hostile aux statistiques ethniques. Et c'est là tout le problème d'une opposition en train de se reconstituer. Faut-il systéma-tiquement s'opposer à la modernisation et à la réforme de la société ou défendre les « avantages » chèrement acquis dans les combats menés par le monde du travail, et dont la disparition n'amènerait que le nivellement par le bas ? L'échec des récentes grèves motivées par la défense des régimes spéciaux de retraite a montré que les organisations syndicales, à l'exception de Sud, avaient décidé de jouer le jeu d'une cogestion à l'allemande plutôt que d'une contestation de l'ordre économique. Ceci montre à l'évidence que Bernard Thibault, à la tête de la CGT, est devenu un leader syndicaliste responsable et qu'il a rejoint de fait le camp sarkozyste. Ce qui lui importe désormais, c'est de faire du « chiffre », c'est-à-dire d'accroître le nombre des adhérents de la CGT, afin de peser dans les négociations avec le gouvernement. Cette défaite de ce qui subsistait du mouvement ouvrier révèle qu'il était illusoire d'espérer compenser la défaite du 6 mai par un troisième tour social et, en ce sens, ce qui s'est passé en novembre 2007 n'est que l'écho de l'échec des grèves de 2003 contre la réforme Fillon. À l'inverse, le succès des luttes

de 2006 contre le CPE est peut-être le signe que la défense des
« avantages acquis » ne passe plus dans l'opinion et que seule
la précarité fait recette face à un gouvernement particulièrement apte à prendre la défense de ces véritables « victimes »
que sont les usagers. Dans l'optique uniquement marchande
de la révolution conservatrice, seuls comptent les véritables
« producteurs » de richesse, c'est-à-dire les utilisateurs finaux de
celle-ci, ceux qui en définitive « donnent » du travail à ceux qui
les produisent.

Dans un autre ordre d'idées, on peut se demander ce qu'il
convient de faire du modèle républicain et de l'universalisme.
Faut-il abandonner purement et simplement ces deux principes
pour contrer efficacement la politique de « diversité paillettes »
promue par l'État sarkozyste ? Faut-il mettre en œuvre une
véritable discrimination positive axée sur le comptage de
minorités ? C'est en tout cas dans cette voie que s'engagent un
certain nombre de chercheurs en sciences sociales, adversaires
résolus par ailleurs de la politique actuelle d'immigration, mais
qui sont souvent en accord avec les positions des postcoloniaux.
Ces derniers, notamment le CRAN, sont d'ailleurs singulièrement silencieux depuis le 6 mai, comme si la loi Hortefeux et
sa défense des statistiques ethniques les avaient empêchés, au
risque d'apparaître complices du gouvernement, d'acquiescer
à cette politique.

Disons le clairement : la politique du respect de la « diversité »
et tout ce qui l'accompagne, les statistiques ethniques, la
« discrimination positive » etc. nous semblent particulièrement
malvenues en cette période de durcissement de l'identité
nationale « blanche », c'est-à-dire d'ethnicisation de la population
de France. Car il faut bien voir que le découpage et la mise
en exergue au sein de la population de notre pays d'identités
« renoi » et « beur », entre autres, a pour effet de conforter en
miroir l'identité « céfran » blanche. De sorte que, paradoxalement, ce qui est visé et obtenu, c'est bel et bien la discrimination positive de cette dernière identité à défaut d'assurer la
promotion des minorités, que celles-ci soient visibles ou pas.

Il est plus que jamais indispensable, de ce point de vue, de défendre fermement les principes universalistes qui fondent la République : c'est le racisme sous toutes ses formes qu'il faut combattre en n'ayant en ligne de mire que la défense de tous les individus présents sur le sol de notre pays qu'ils soient Français ou étrangers, dotés de papiers ou non. Tous les principes de division et de distinction d'identités de groupes au sein de la population de France, fût-ce au motif de promouvoir ces dits groupes, ne peuvent que se retourner en leur contraire, c'est-à-dire en un mécanisme d'« exclusion positive », lui-même adjuvant potentiel du racisme.

« Français, encore un effort pour être républicains », écrivait Sade dans *La Philosophie dans le boudoir* ; Français, ne renonçons pas à être républicains, serait-on tenté de dire aujourd'hui et, de ce point de vue, dans le contexte actuel, le mode d'ordre de SOS racisme « Fiche pas mon pote » apparaît comme particulièrement opportun.

L'extrême gauche est-elle une alternative crédible ?

Face à une droitisation de la gauche, en particulier du PS et à l'alignement de la CGT sur des positions de cogestion du monde du travail avec le pouvoir, l'extrême gauche représente-t-elle cette « gauche de gauche » voulue naguère par Bourdieu ? Trois domaines doivent à mon sens être distingués : celui de l'anticapitalisme proprement dit, celui de l'altermondialisme et celui de l'écologie.

L'anticapitalisme reprend désormais du poil de la bête, en France, parce que les coups de boutoir dirigés avec une force accrue contre ce qui y subsiste de l'État-providence mettent à nu la véritable nature du système économique en vigueur. Dans ce contexte, il n'est pas exclu que le marxisme, un peu comme aux États-Unis, fasse un retour en force parce que la dureté des rapports sociaux faisant s'affronter le capital et le travail y apparaît au grand jour. Il n'est que de voir l'audience accrue dans les médias d'un Olivier Besancenot pour s'en convaincre. Requinqué par le mouvement social du mois de novembre 2007, après avoir été sonné par le 6 mai, il fascine les journalistes qui l'interrogent et dont on peut se demander s'ils ne sont pas tentés de se laisser convaincre un moment par la force de ses arguments. En ce sens, Sarkozy aurait l'immense mérite, si l'on peut dire, de faire éclater au grand jour la vérité des rapports sociaux capitalistes et c'est ce qui permet d'espérer la constitution d'un large front de tous ceux qui subissent ou sont destinés à subir dans les années qui viennent la précarité, le chômage et la misère. Il est significatif, de ce point de vue, qu'un millier d'enseignants et de chercheurs aient signé un appel de soutien aux grèves pour la défense des régimes spéciaux de retraite alors que ce phénomène ne s'était pas produit en 1995. La grande peur s'installe donc et avec elle la possibilité d'établir un large front anticapitaliste débouchant peut-être, à terme, sur la création d'une nouvelle organisation politique se substituant au PS. Ce parti, en effet, joue désormais sur le terrain de l'adversaire et s'avère donc incapable de se dégager de l'espace dans lequel ce dernier a réussi à l'enfermer.

Si sur le plan intérieur, en particulier lorsqu'elle s'exprime par la bouche d'Olivier Besancenot, l'extrême gauche convainc, il n'en va pas de même sur le plan international où ce courant politique est incapable d'offrir des analyses politiques satisfaisantes dans le contexte difficile de l'après 11-Septembre. À cet égard, et pour revenir à l'interview de Besancenot par I-Télé le 19 novembre 2007, la force de conviction de ses idées concernant le domaine intérieur ou les mouvements de grèves de novembre 2007 contraste avec la faiblesse de ses analyses concernant le régime vénézuélien de Hugo Chavez. Certes, on comprend que l'anti-impérialisme de l'extrême gauche entraîne Besancenot à faire feu de tout bois, mais il ne faudrait pas que l'hostilité justifiée envers les États-Unis de George Bush lui fasse prendre aveuglément partie pour des régimes qui n'ont justement parfois pour seul mérite que de se dresser contre la puissance hégémonique au niveau mondial. Ce qui est dramatique dans le cas de régimes comme celui de Chavez, d'autres régimes populistes d'Amérique du Sud (Evo

Morales en Bolivie, etc.) ou du pouvoir iranien d'Ahmadinejad, c'est qu'ils ne sont, en un sens, que le produit du « choc des croisades », expression plus heureuse que celle du fameux « choc des civilisations » de Huntington. Malheureusement, ce n'est qu'aux exactions commises par la superpuissance américaine que ces régimes doivent d'avoir vu le jour : ils en constituent en quelque sorte la face symétrique et inverse. Il faut donc se débarrasser de la langue de bois gauchiste qui a heureusement disparu du discours de Besancenot lorsqu'il traite de politique intérieure, mais qui subsiste lorsqu'il analyse la situation des pays du Sud en recourant à des expressions figées comme celle de « peuple vénézuélien » par exemple. Ce langage conforte, en effet, en retour les positions de « néoconservateurs » dont la relative force de conviction s'appuie précisément sur les insuffisances de la réflexion radicale sur ce point. Mais, plus largement, c'est tout le domaine du postcolonialisme qu'il conviendrait ici de réexaminer car la défense des bons opprimés contre les méchants du système mondial a souvent engagé l'extrême gauche altermondialiste (la LCR, Attac, etc.) dans des combats douteux qui ont porté atteinte à sa crédibilité. La façon caricaturale d'opposer le Nord et le Sud, et de prendre systématiquement partie pour les régimes, les organisations ou les idées qui émanent de cette région du monde conduit à ratifier des choix politiques et idéologiques contestables. De même, il faudrait examiner la façon dont la relation univoque établie entre le tiers-monde et le Nord à travers l'esclavage et la colonisation a pu conduire la LCR, ou certains de ses membres, a établir des alliances contestables avec des mouvements comme les « Indigènes de la République » et à voir dans la défense de la laïcité la simple expression de positions colonia- listes ressortissant elles-mêmes à la rhétorique bushienne du « choc des civilisations ». L'un des problèmes majeurs auquel aura à se confronter une alternative radicale dans les années à venir consistera précisément à s'engager sur la voie étroite séparant les néoconservateurs islamophobes des postcoloniaux antisémites. C'est sur le terrain de la culture, de la religion et de la race qu'il conviendra de se battre de façon à contrer la mise en avant de ces principes dans le champ politique. Ce n'est pas en effet en substituant la lutte des races à la lutte des classes que nous ferons avancer le combat : la lutte pour l'émancipation de tous ne passe certainement pas par la fragmentation et l'ethnicisation de la société.

Il en va de même dans le domaine de l'écologie qui constitue désormais un mot d'ordre important, sinon décisif, de l'extrême gauche. Et ce n'est peut-être pas un hasard si l'on trouve des points communs très forts entre l'extrême gauche et le mouvement écologiste en ce qui concerne l'hostilité à la laïcité et la défense corrélative de la spécificité culturelle et religieuse. Dans ces conditions, il ne faut peut-être pas s'étonner du prolongement de cette position anti-laïque dans l'attitude proprement fondamentaliste qui prévaut à l'égard des OGM. Que le combat contre les OGM soit mené au nom de la lutte contre les multinationales, lesquelles entendent, par le contrôle des semences, assurer leur mainmise sur la production agricole au niveau mondial, soit. Mais derrière cette lutte anti-mondialisation, et au-delà de l'inquiétude sur la menace éventuelle que ces produits peuvent représenter pour la santé humaine, n'y a-t-il pas l'obsession de la pureté des espèces végétales et la hantise corrélative de l'hybridité ? Alors que l'histoire des espèces végétales et animales n'est pas autre chose que celle de « copiés-collés », de métissages incessants, au nom de quoi s'opposer à cette ultime forme d'hybridation ?

Mais ceci rejoint à son tour, les fantasmes de l'extrême gauche au sujet des menaces que la globalisation ferait peser sur la « diversité culturelle ». Dans l'alliance entre l'extrême gauche et l'écologie, existe en effet ce souci de maintenir la diversité à la fois dans le domaine de l'écologie et dans celui de la culture. D'où l'idée de défense des langues et des cultures, en particulier de celles qui apparaissent comme les plus menacées par la mondialisation, c'est-à-dire de celles des peuples autochtones, originaires ou premiers. Face à ce danger d'uniformisation culturelle et d'occidentalisation du monde, ne convient-il pas de proposer comme mot d'ordre la décroissance et d'ériger comme formes de lutte des normes émanant précisément de ces mêmes cultures ? Il s'agirait en somme d'une sorte de sud-alternisme faisant écho aux Subaltern Studies lancées actuellement sur le marché intellectuel français par les postcoloniaux. La ou les culture(s) contre l'économie, telle pourrait être la forme paradigmatique prise par ce courant d'idées. Or, est-il besoin de le préciser, la défense forcenée des identités culturelles, au Sud comme au Nord, ne peut mener qu'à de graves déconvenues puisque cette position revient à nier l'historicité de ces ensembles.

Épilogue provisoire

Le sarkozysme, même s'il n'en a pas fini de dérouler tous ses avatars, a néanmoins révélé en quelques mois suffisamment de facettes pour que puisse être définie par l'intelligentsia une stratégie d'opposition. Celle-ci est en effet (comme cela a rarement été le cas, même sous des régimes de droite) directement menacée dans sa légitimité. Si, sur le plan économique, les positions anticapitalistes de l'extrême gauche semblent devoir entraîner une adhésion sans failles, dans le domaine politique, en revanche, l'option postcoloniale, racialiste et culturaliste d'une partie de la gauche et de l'extrême gauche entrave la possibilité d'établir un large front commun sur des bases universalistes et laïques. Car c'est bien au piège de la relation en miroir entre l'identité nationale blanche et les identités minoritaires qu'une gauche véritablement de gauche devra d'abord échapper. En ce sens, les mots d'ordre du multiculturalisme et de la diversité, dans la mesure où ils assurent la fragmentation du corps social, ne peuvent que conforter le fonctionnement d'un capitalisme décomplexé. Et dans la mesure où les combats politiques de l'avenir auront une forte composante religieuse, culturelle et ethnique, il y a fort à parier que, sur ces terrains-là, les intellectuels auront leur mot à dire.

La politique peut-elle faire événement?

Gérard Bensussan

Il y a toujours péril à considérer le « grand homme » en son sens hégélien, c'est-à-dire comme « moment » d'une téléologie rationnelle où s'accompliraient l'histoire et son sens. Tel roi – mais pas davantage, il faut le dire, tel valet –, tel puissant ou tel misérable n'est l'accident insignifiant ou indifférent d'une substance historique que... par accident, si je puis ainsi renverser la proposition convenue. Les « grands hommes », donc, ne sauraient être envisagés et compris comme les simples hypostases circonstanciées d'un processus universel et total qui non seulement les engloberait mais qui, surtout, leur donnerait signification. Il y va ici, au fond, de ce qu'on entend et se représente comme « politique », et par conséquent, de ce qui s'y investit ou désinvestit, de ce qui s'y engage, comme on s'engage sur un chemin incertain et non dans une armée de programmes. Il y va de ce qui, politiquement, y déserte ou en déserte. Il y va d'une politique « aléatoire » – comme on a pu jadis parler d'un matérialisme aléatoire.

En d'autres termes, et pour faire envoi d'une question suscitée par l'hégélianisme de l'hypostase : la politique peut-elle accueillir ou faire lieu à un événement ou bien est-elle vouée à mettre en scène des ombres successives, inconsistantes et interchangeables, « bonnet blanc et blanc bonnet » ? Si la politique n'est qu'un théâtre d'ombres dont l'intelligibilité est entièrement commandée par la régulation mondiale d'un Sens dont elle émane, comment peut-on encore en faire – ce qui s'appelle *faire* ? Je ne nie pas ici ni ne remets en question le principe de non-autonomie du politique, lequel détient une vraie et nécessaire puissance d'intelligence. La politique, en effet, ne se peut et n'est articulable qu'à partir d'un ensemble disjoint d'expériences prépolitiques. Il n'est donc nullement infondé de la rapporter à ce qui vient avant elle. Je dirais même que cette opération est toujours requise et salutaire. Mais la difficulté pratique commence là où l'explication théorique s'achève. L'erreur, potentiellement fatale, consisterait en effet à déduire de cette non-autonomie une réductibilité quasi-intégrale de la politique à l'économie par exemple, ou à la société ou encore à la morale, soit en tout état de cause à une sphère qui lui fournirait son cadre, hors d'elle, et qui en délégitimerait profondément l'exercice. Car la politique serait alors in-signifiante. Sa signifiance serait à tout coup non-politique. Cette représentation, abstraite comme toutes les représentations, commande certaines pratiques et emporte parfois une sorte d'apolitisme aveuglé sur ses propres attendus et considérants. Ainsi, il suffirait d'animer des dynamiques extra-politiques, le mouvement social par exemple, pour que leurs traductions politiques se donnent d'elles-mêmes à partir d'un certain état des forces et de leur rapport. Or, il faut bien constater que cette rêverie gauchiste d'une « traduction politique des luttes » n'a jamais été effective. Au contraire, elle s'est souvent renoncée dans un épuisement et un inaboutissement désespérants. Pourquoi ? Parce qu'il n'existe pas de traduction *automatique* en l'occurrence, sinon dans un bredouillement barbare et balbutiant, sans cesse à répéter, à réitérer, à reproduire plus ou moins à l'identique. Parce que la politique, si elle procède en effet de ce qui n'est pas elle, demeure parfaitement irréductible à ce qui n'est pas elle. Il y a sûrement là un paradoxe, mais ce paradoxe forme la condition pratique d'une action politique, dans sa nécessité (non pas logique mais factuelle) et sa légitimité (non pas « morale » mais… politique).

Quand bien même elle tire ses stimuli et ses motifs d'une scène d'où elle s'absente, la politique dessine le seul lieu d'espacement où une décomposition peut se manifester et où, en se signalant, elle peut ouvrir à une recomposition des alliances et à une ré-expression des forces. Un décalage temporel s'insinue ainsi entre elle-même et ce qui n'est pas elle et aussi, du coup, entre elle-même et elle-même. La politique est donc faite de ces écarts, de ces différements, de ces attentes ou de ces anticipations. Autrement dit, *il y a des événements politiques*, tout comme il y a des événements qui n'y tiennent pas. À cet égard, l'élection de Nicolas Sarkozy est un événement qui ne se laisse pas indifférencier mais qui bien plutôt entraîne à sa suite toute une série de différenciations politiques inédites, par où les forces se donnent des expressions nouvelles, celles de la droite, celles de l'extrême droite, celles de la gauche de gouvernement et celles de l'autre gauche (de non-gouvernement ? de non-alternance ?). L'événement emporte en effet des conséquences en chaîne qui sont autant de différences marquées, autant de singularités auxquelles ne pas prêter attention est ruineux. C'est dans la sphère politique elle-même, et pas dans ses marges ni dans les centres dont elle serait, elle, la marge, que se joue la capacité de ses acteurs à intervenir dans les procès qui s'y dessinent et les pratiques qui en sortent.

L'élection de Sarkozy à la présidence de la République me paraît constituer sous cet aspect un événement politique de première importance – qui ne relève pas de la pure nécessité historique indifférente (depuis laquelle on pourrait s'autoriser à conclure que Ségolène Royal, mais pas seulement, tel ou tel autre encore, Bayrou ou X ou Y, aurait pu tout autant figurer l'hypostase requise par le pouvoir des dominants).

De cet événement, on peut relever quelques indices et quelques effets dont la singularité ne se laisse guère rapporter à autre chose qu'à elle-même :

1. La défaite infligée à l'extrême droite annonce sa décomposition, sans doute définitive, et, peut-être, sa disparition. Il est de bon ton de n'y voir qu'un reclassement sans importance puisque « Sarko égale Facho ». Par où l'on se retrouve devant l'apolitisme de gauche qui me paraît si pernicieux et si dangereux dans son aveuglement obstiné et ses vieilles chaînes d'équivalence forcenée (qu'on se souvienne, dans l'autre sens, de la caractérisation communiste du pouvoir hitlérien comme pouvoir du grand capital, hypostase nécessaire et provisoire d'une même domination de classe, raison rusée aux mains invisibles). Il y a dans cette inaptitude à produire des analyses (intra-) politiques

de très graves hypothèques, de lourdes conséquences. Il n'est pas indifférent en effet, à mes yeux, que l'extrême droite puisse disposer d'une expression politique autonome, le Front National, ou qu'elle ne puisse plus s'en doter – quand bien même elle continuerait d'exister à titre de courant d'opinion. Ou alors, on ne voit pas bien pourquoi il fallut tant s'alarmer au soir du 21 avril 2002. Mais, bien sûr, si la politique est le lieu des figurations sans consistance et sans qualités, si « tout se joue » hors d'elle et si elle n'est qu'une chambre d'enregistrement des clameurs du monde, alors que le FN fasse 2 ou 20 % des voix n'importe pas pour soi-même, mais simplement à titre d'indicateur dérivé.

2. La mise en plein jour de la lutte, au sein même de la gauche socialiste, entre deux positions politiques irréductibles. C'est la médiatique « crise du PS ». L'existence des deux gauches dans un seul parti, social-libérale d'une part et anticapitaliste d'autre part, n'est sûrement pas une nouveauté révélée par le sarkozysme. Elle a même fonctionné jusqu'à présent au bénéfice électoral et militant du PS : un discours dans l'opposition, puisé aux meilleures sources de la gauche de gauche, et un discours au gouvernement, nourri des thèmes de la gauche de droite. Ainsi, le PS pouvait marcher sur ses deux jambes et suivre son bonhomme de chemin politique, même chaotiquement et même si ses claudications commençaient à se voir. Désormais, ces deux gauches sont hors d'état de coexister au sein d'une organisation politique unique. La rupture signifiée à droite par le sarkozysme n'est pas de l'ordre de la simple manœuvre. Elle engage une redistribution des options idéologiques, voire un bouleversement dans les choix et les décisions. Comme le PS, la droite parlementaire marchait elle aussi sur deux jambes politiques, la nation républicaine et l'adaptation aux échanges mondialisés, la souveraineté et l'Europe, les valeurs du jacobinisme et celles qui se font valoir sur les marchés financiers. Le chiraquisme a donné figure jusqu'à son complet épuisement à cette formation de compromis, à cette marche incertaine et constamment menacée de surplace. La rupture sarkozyste, dont

il est clair qu'elle est fortement ambiguë, on pourrait en pointer mille indices, engage néanmoins une perspective délibérée, une voie marquée par le choix libéral, lequel porte et ménage une ouverture sur sa gauche. En tout état de cause, la rupture de la droite avec l'immobilité chiraquienne oblige le PS à trancher à son tour, dans le vif et douloureusement. On ne voit pas bien comment il pourrait éviter que deux forces politiques de gauche, différentes, opposées, émergent à terme.

3. La rupture sarkozyste avec le souverainisme réoriente et tord un certain nombre de lignes d'analyse et d'action. Pour autant évidemment, ce qui est loin d'être assuré, qu'elle soit effective, qu'elle soit autre chose qu'une rodomontade ou une fausse rupture (voir la débandade de la « diplomatie morale »). Ses ambiguïtés (dont Guaino est l'organisateur et ses services de plume le symptôme) sont innombrables et insondables. Cette rupture, sous condition, devrait toutefois obliger (ou peut-être, qui sait, inhiber et empêcher ?) la gauche radicale à se mesurer, si elle le peut, aux spectres de sa récurrente nostalgie précapitaliste : les frontières, la régulation étatique, le recours et l'appel aux grands centres décisionnels stratégiques, les « valeurs républicaines » opposées au cosmopolitisme – autant de zones d'incertitude, d'hésitation et de douteux combats, autant de motifs aussi d'une sorte d'éloge équivoque du dessaisissement de soi. La gauche de la gauche peut-elle se tenir dans la revendication d'une stabilité inchangée, dans le maintien des cadres et des repères, dans la défense des traditions et des valeurs ? A-t-elle jamais prêté attention à ce que *Le Manifeste communiste* analyse sous le concept de *volatilisation* capitaliste de tous les rapports stables et assis sur eux-mêmes, *ständisch* : rapports des classes, des sujets, des représentations, des valeurs entre elles et entre eux ? Le « *maintien sans changement du mode de production* » caractérise les formations sociales antécapitalistes, peut-on lire dans cette page éclatante. Le révolutionement incessant, la désacralisation des valeurs établies et le tourbillon nihiliste font au contraire la vie même du capitalisme. Ce dont il n'y a pas lieu, faut-il le préciser, de se lamenter – sauf à donner dans

la variante du « *socialisme réactionnaire* » que Marx et Engels nomment « *socialisme féodal* », où « *se mêlent jérémiades et libelles, échos du passé et grondements sourds de l'avenir* » et où « *s'arbore en guise de drapeau la besace du mendiant afin d'attirer le peuple* ». La gauche de la gauche n'est pas à gauche lorsqu'elle oppose, aux incessants autobouleversements et à l'infinie autocritique du mode de production capitaliste, la nécessité d'un recadrage, d'une resubstantialisation des rapports volatilisés et d'une dédynamisation. Elle n'est pas à gauche lorsqu'elle s'engage dans la seule conservation appropriante de ce qu'elle a jadis aidé à conquérir, soit à peu près plus rien de neuf depuis 1968. « Bloquer les flux » et « refuser l'autonomie » (je joue sur les mots, sans doute, mais ce sont ces mots d'ordre récents qui sont très joueurs), est-ce suffisant ? Est-ce seulement juste ?

Louis Aragon déplorait jadis que trop de ses camarades communistes se fissent « *pour règle de conduite la pratique d'avance décidée de l'aveuglement* ». Aujourd'hui, ne pas prendre acte de ce que signifie politiquement l'élection de Sarkozy, et de ce qui, par le sarkozysme, se redéploie en profondeur dans la recomposition du « paysage » politique, comme on dit, c'est témoigner d'un aveuglement comparable, c'est-à-dire pratique et décidé, très résolu à sa façon. Il y a d'ailleurs, pour la gauche et la gauche de la gauche, je le dis en passant, le précédent de 1958. L'arrivée au pouvoir de De Gaulle fut analysée pendant des mois et des mois comme un coup d'État qui portait un dictateur fasciste au pouvoir par ceux-là mêmes, ou leurs héritiers, qui ne sont pas aujourd'hui sans éprouver une secrète tendresse pour une époque historique d'affirmation de la Nation.

C'est de lucidité qu'il faut faire règle de conduite. C'est par une réflexion sur les lieux de la politique, et sur ce qui, en ces lieux, se traduit et ne se traduit pas des hors-lieux (faut-il dire des ban-lieues ?) des expériences et des affects collectifs, des douleurs et des blessures sociales, que pareille lucidité, politique, a chance d'advenir. Peut-être.

Politique sans politique

Anselm Jappe

Au début, le « primat de la politique » était une idée chère au juriste du *Führer*, Carl Schmitt. Mais depuis longtemps, c'est la gauche « radicale » qui a lié son sort à un « retour de la question politique », où la « politique » est considérée comme étant en elle-même le contraire du « marché ». Cependant, il n'est pas facile de se convaincre que l'opposition au capitalisme, ou à ses dérives contemporaines, passe par ce que l'on appelle habituellement la politique. Il est évident que rien n'aurait changé si c'était Royal au lieu de Sarkozy. Mais même si les trotskistes, qui ont pris le relais des sociaux-démocrates devenus libéraux, participaient au pouvoir en France, ils n'ébranleraient pas le monde. En Allemagne, le « Parti du socialisme démocratique » participe à des gouvernements régionaux ; en Italie, *Rifondazione comunista* a ses ministres ; et même les *Centri sociali* italiens, souvent considérés comme la crème de l'antagonisme, peuvent fournir des adjoints de mairie. Partout ces représentants de la gauche « radicale » finissent par cautionner des politiques néo-libérales. Faut-il alors fonder des partis « vraiment » radicaux qui ne s'enliseraient jamais dans le même bourbier ? Ou les raisons de ces « trahisons » sont-elles structurelles, et chaque participation à la politique conduit-elle inévitablement à se livrer au marché et à ses lois, indépendamment des intentions subjectives ?

Il convient alors de poser une question préliminaire : qu'entend-on par le mot « politique » ? Il y a une confusion semblable à celle qui entoure le « travail » et sa critique. Critiquer le travail n'aurait aucun sens si on l'identifie avec l'activité productive en tant que telle, qui, bien sûr, est une donnée éternelle. Mais tout est différent si on entend par travail ce que le mot désigne effectivement dans la société capitaliste : la dépense auto référentielle de la simple force de travail sans égard à son contenu. Ainsi conçu, le travail est un phénomène historique, appartenant à la seule société capitaliste et qui peut être critiqué et éventuellement aboli. En effet, le « travail » que tous les acteurs du champ politique veulent sauver, à gauche, à droite et au centre, est le travail dans ce sens restreint. De même, le concept de « politique » doit être clairement défini. Si on l'identifie avec l'agir collectif, avec l'intervention consciente des hommes dans la société, avec un « *amour du monde* » (Arendt), il est évident que personne ne saurait être contre, et une « critique de la politique » ne pourrait se concevoir que comme une simple indifférence au monde. Mais ceux qui prônent habituellement le « retour à la politique » ont une idée beaucoup plus spécifique de ce qu'est la « politique », dont la disparition supposée leur cause de graves crises d'abstinence. L'évocation rituelle de la « politique » comme seule voie possible pour changer le monde est le pivot de la « gauche » actuelle, des sociologues bourdieusiens à *Multitude*, d'ATTAC à la LCR. Malgré l'intention affichée de faire une politique « complè-tement différente », ils retombent toujours dans le « réalisme » et le « mal mineur », participent aux élections, s'expriment sur les référendums, dissertent autour de l'évolution possible du Parti socialiste, veulent nouer des alliances, conclure quelque « compromis historique ». Face à ce désir de « participer au jeu » – et presque toujours en « représentant » de quelque « intérêt » – il faut se remémorer les mouvements et moments d'oppo-sition radicale qui ont fait, eux, de l'« antipolitique » : des anarchistes historiques aux avant-gardes artistiques, de certains mouvements dans le Sud du monde, tels que *Critica radical* à Fortaleza (Brésil), à la grève sauvage de mai 1968 en France et à l'insubordination permanente dans les usines italiennes durant les années soixante-dix. Cette « antipolitique » est aussi éloignée du renoncement à l'intervention consciente que l'« anti-art », le refus de l'art chez les dadaïstes, les surréalistes ou les situation-nistes, qui n'était pas un refus des moyens artistiques, mais se concevait au contraire comme la seule façon de rester fidèle aux intentions originelles de l'art.

Mais peut-on croire que la politique est la sphère sociale qui permettrait d'imposer des limites au marché? La politique serait-elle par nature « démocratique » et opposée au monde économique capitaliste où règne la loi du plus fort?

La société capitaliste moderne, basée sur la marchandise et la concurrence universelle, a besoin d'une instance qui se charge des structures publiques sans lesquelles même la société la plus farouchement antagoniste ne pourrait pas exister. Cette instance est l'État, et la « politique » au sens moderne (et restreint) est la lutte menée autour de son contrôle. Mais cette sphère de la politique n'est pas extérieure et alternative à la sphère de l'économie marchande, elle en dépend structurellement. Dans l'arène politique, on se dispute sur la distribution des fruits du système marchand – le mouvement ouvrier a joué essentiellement ce rôle –, mais non sur son existence elle-même. La preuve visible : rien n'est possible en politique qui ne soit d'abord « financé » par la production marchande, et là où cette dernière va à vau-l'eau, la politique se retransforme en ce qu'elle avait été à ses débuts : un choc entre bandes armées. Cette forme de « politique » est un mécanisme de régulation secondaire à l'intérieur du système fétichiste et non-conscient de la marchandise. Elle ne représente pas une instance « neutre », ni une conquête que les mouvements d'opposition auraient arrachée à la bourgeoisie capitaliste. Celle-ci n'est pas nécessairement hostile à l'État ou à la sphère publique – cela dépend de la phase historique.

Les tenants contemporains de la « politique » trahissent l'intention originelle de l'« agir », parce qu'ils le réduisent à des ajustements d'une machine acceptée comme telle. Aujourd'hui, l'« agir » doit faire face à des situations qui sont bien trop graves pour être affrontées avec les vieux moyens de la politique. Le cadre est désormais celui d'une véritable mutation anthropologique qui est le résultat aussi bien de deux cents ans de capitalisme que de son autodestruction programmée devenue visible depuis quelques décennies. Cette régression va jusqu'à la *barbarisation*. Vis-à-vis de la multiplication des cas comme celui des adolescents qui filment en riant avec leur portable une compagne de classe qui vient d'être renversée par un autobus, pour mettre ensuite les images sur You tube, il est un peu court d'évoquer le chômage, la précarité ou les défauts de l'école : on est plutôt en train d'assister à une « régression anthropologique » généralisée (ce qui ne veut pas dire uniforme). Celle-ci semble être le fruit d'un profond détraquement psychique collectif, d'une psychose narcissique, conséquence du fétichisme de la marchandise et du rapport qu'il institue entre l'individu et le monde. Face à cette crise de civilisation, personne ne peut honnêtement proposer des remèdes qui marcheront d'ici à deux ans. Mais justement, parce que la situation est si grave, on renforce le mal si l'on réagit en disant : agissons vite et n'importe comment, nous n'avons pas le temps de discuter, la praxis vaut mieux que la théorie. À l'époque du capitalisme financier et moléculaire, on ne peut pas se satisfaire des formes d'opposition de l'époque fordiste.

Une première condition pour renouer avec la perspective de l'agir est de rompre définitivement et nettement avec toute « politique » au sens institutionnel. Aujourd'hui, la seule « politique » possible est la séparation radicale d'avec le monde de la politique et de ses institutions, de la représentation et de la délégation, pour inventer à leur place de nouvelles formes d'intervention directe. Dans ce contexte, il paraît bien inutile de discuter avec des gens qui veulent encore *voter*. Ceux qui, presque cent quarante ans après l'introduction du suffrage universel, courent encore vers les urnes, ne méritent que les mots déjà prononcés en 1888 par Octave Mirbeau [1] ou, en 1906, par

---

1. « *Une chose m'étonne prodigieusement – j'oserai dire qu'elle me stupéfie – c'est qu'à l'heure scientifique où j'écris, après les innombrables expériences, après les scandales journaliers, il puisse exister encore dans notre chère France [...] un électeur, un seul*

Albert Libertad [1]. La conquête du suffrage universel a été un des grands combats de la gauche historique. Cependant, l'électeur de droite est moins bête : il obtient vraiment le peu qu'il attend de ses candidats, même en dehors de tout programme électoral – par exemple, la tolérance envers l'évasion fiscale et les violations du droit de travail. Ses représentants ne le trahissent pas trop ; et l'électeur qui vote uniquement pour le candidat qui va embaucher son fils ou obtenir des grosses subventions pour les paysans de son canton est finalement l'électeur le plus rationnel. Est beaucoup plus imbécile l'électeur de gauche : quoiqu'il n'ait jamais obtenu ce pour quoi il a voté, il persiste. Il n'obtient ni le

---

électeur, cet animal irrationnel, inorganique, hallucinant, qui consente à se déranger de ses affaires, de ses rêves ou de ses plaisirs, pour voter en faveur de quelqu'un ou de quelque chose. Quand on réfléchit un seul instant, ce surprenant phénomène n'est-il pas fait pour dérouter les philosophies les plus subtiles et confondre la raison ? Où est-il le Balzac qui nous donnera la physiologie de l'électeur moderne ? et le Charcot qui nous expliquera l'anatomie et les mentalités de cet incurable dément ? [...] Il a voté hier, il votera demain, il votera toujours. Les moutons vont à l'abattoir. Ils ne se disent rien, eux, et ils n'espèrent rien. Mais du moins ils ne votent pas pour le boucher qui les tuera, et pour le bourgeois qui les mangera. Plus bête que les bêtes, plus moutonnier que les moutons, l'électeur nomme son boucher et choisit son bourgeois. Il a fait des Révolutions pour conquérir ce droit. [...] Donc, rentre chez toi, bonhomme, et fais la grève du suffrage universel. » Cent vingt ans exactement après cet appel à la « grève des électeurs », il est encore possible, et nécessaire, de répéter les mêmes arguments. Sauf pour quelques noms, on pourrait imprimer le texte dont ces lignes sont extraites et le distribuer comme tract : personne ne s'apercevrait qu'il n'a pas été écrit aujourd'hui, mais aux débuts de la « IIIᵉ République ». Visiblement, au cours de plus d'un siècle, les électeurs n'ont rien appris. Ce fait n'est pas, il est vrai, très encourageant.

1. « *Le criminel, c'est l'électeur* [...] *Tu es l'électeur, le votard, celui qui accepte ce qui est ; celui qui, par le bulletin de vote, sanctionne toutes ses misères ; celui qui, en votant, consacre toutes ses servitudes* [...] *Tu es un danger pour nous, hommes libres, pour nous, anarchistes. Tu es un danger à l'égal des tyrans, des maîtres que tu te donnes, que tu nommes, que tu soutiens, que tu nourris, que tu protèges de tes baïonnettes, que tu défends de ta force de brute, que tu exaltes de ton ignorance, que tu légalises par tes bulletins de vote, – et que tu nous imposes par ton imbécillité.* [...] *Si des candidats affamés de commandements et bourrés de platitudes, brossent l'échine et la croupe de ton autocratie de papier ; si tu te grises de l'encens et des promesses que te déversent ceux qui t'ont toujours trahi, te trompent et te vendront demain : c'est que toi-même tu leur ressembles.* [...] *Allons, vote bien ! Aies confiance en tes mandataires, crois en tes élus. Mais cesse de te plaindre. Les jougs que tu subis, c'est toi-même qui te les imposes. Les crimes dont tu souffres, c'est toi qui les commets. C'est toi le maître, c'est toi le criminel, et, ironie, c'est toi l'esclave, c'est toi la victime.* » Voir Albert Libertad, *Le Culte de la charogne. Anarchisme, un état de révolution permanente (1897-1908)*, Marseille, Agone, 2006.

grand changement ni les bribes. Il se laisse bercer par les seules promesses. Ainsi, les électeurs de Berlusconi en Italie ne sont pas dupes, ils ne sont pas simplement séduits par ses chaînes de télévisions, comme ses adversaires veulent le faire croire. Ils ont tiré des avantages limités, mais réels de son gouvernement (et surtout de son laisser-faire). Mais voter encore pour la gauche après qu'elle a été au gouvernement relève – ici on ne peut que donner raison à Mirbeau – du pathologique.

Le refus de la « politique » ainsi conçue n'est pas le fait d'un goût esthétisant pour l'extrémisme. Face à la régression anthropologique menaçante, faire appel au Parlement ressemble à la tentative de calmer un ouragan avec une procession. Les seules propositions « réalistes » – dans le sens où elles pourraient effectivement infléchir le cours des choses – sont du genre : abolir tout de suite, dès demain, toute la télévision. Mais est-ce qu'il y a un parti au monde qui oserait faire sien un tel programme A-t-on pris dans les dernières décennies une seule mesure apte à entraver les progrès de la barbarie ? On répondra que des petits pas valent mieux que rien. Mais où a-t-on réalisé ces petits pas ? Il y a trente ans, les plus courageux proposaient d'instaurer une journée sans télévision par semaine. Aujourd'hui, il y a des centaines de chaînes accessibles. Si l'on n'a rien pu faire dans les dernières décennies pour empêcher une détérioration continuelle, cela revient à dire que les objectifs et les méthodes étaient erronés et qu'il faut tout repenser. Et il va de soi qu'on ne pourra pas le faire en ménageant le public, ni en passant à la télévision.

Il existe quelques exemples d'un agir antipolitique : les « faucheurs volontaires » anti-OGM, surtout ceux qui agissent la nuit, renouant ainsi avec la tradition du sabotage plutôt qu'avec l'effet médiatique, ou les actions visant à mettre des appareils de surveillance et de contrôle biométrique hors d'état de nuire. On pourrait également citer les habitants de la Val di Susa, dans les Alpes italiennes, qui ont empêché, fin 2005, la construction d'une ligne de TGV dans leurs montagnes. Cette prévalence de luttes « défensives » ne signifie pas nécessairement l'absence d'une perspective universelle. Au contraire, ces luttes contre les pires des « nuisances » aident à tenir ouverte cette perspective. Il faut au moins sauvegarder la *possibilité* d'une émancipation future face à la déshumanisation opérée par la marchandise qui risque d'empêcher à jamais toute alternative. Ici, de nouveaux fronts et de nouvelles alliances pourront se constituer. Il y a des sujets, comme l'expropriation des individus de leur propre reproduction biologique, publicisée sous le nom de « techniques de fécondation artificielle », où les positions de la gauche moderniste sont en syntonie si complète avec les délires de toute-puissance technologique du capitalisme contemporain que les prises de position du Pape assument en revanche un air de rationalité. Le contraire de la barbarie est l'humanisation. Ce concept est bien réel, mais difficile à cerner. Une « politique » possible serait aujourd'hui la défense des petits progrès faits historiquement dans l'humanisation et l'opposition à leur abolition. Le capitalisme contemporain n'est pas seulement cette injustice économique qui reste toujours au centre des débats ; et même la catastrophe écologique qu'il cause ne clôt pas la liste de ses méfaits. Il est également un démontage – une « déconstruction » – des bases symboliques et psychiques de la culture humaine, visible surtout dans la déréalisation opérée par les médias électroniques ; par rapport à cette dimension du problème, il reste sans importance que ce soit à Sarkozy ou Royal, Besancenot ou Le Pen d'occuper le petit écran.

La pratique reste à réinventer, sans céder à l'injonction de « faire quelque chose, et tout de suite » qui pousse toujours à la réédition des formes déjà vues et déjà avortées. Le véritable problème est l'enfermement général – qui est surtout mental – dans des formes d'existence fétichistes, aussi bien chez les partisans que chez les adversaires présumés du système de la marchandise [1]. Lutter pour rompre ces formes ancrées dans

---

1. D'ailleurs, une des nouvelles données à laquelle la praxis anticapitaliste doit se

toutes les têtes, enlever à l'argent et à la marchandise, à la concurrence et au travail, à l'État et au « développement », au progrès et à la croissance leur air d'innocence et d'évidence relève de ces « luttes théoriques » qui se situent au-delà de l'opposition figée entre « théorie » et « praxis ». Pourquoi l'analyse de la logique de la marchandise, ou du patriarcat, serait-elle « seulement » de la théorie, tandis que la première grève pour les salaires, où la première manifestation d'étudiants qui protestent parce que l'Université ne les prépare pas assez bien au marché de travail, seraient, elles, considérées comme de la « praxis » ou de la « politique » ?

Avant d'agir, les hommes pensent et sentent, et la manière dont ils agissent dérive de ce qu'ils pensent et sentent. Changer la manière de penser et de sentir des hommes est déjà une forme d'agir, de praxis. Une fois qu'il y a une véritable clarté, au moins chez une minorité, sur les buts de l'agir, la réalisation peut venir très vite. Il suffit de penser à mai 1968, arrivé apparemment comme une surprise, mais préparé silencieusement par des minorités clairvoyantes. En revanche, on a vu souvent – et plus que jamais dans la Révolution russe – où mènent même les plus grandes occasions d'agir lorsqu'il a manqué une véritable clarification théorique préliminaire. Une clarification qui ne se déroule pas nécessairement dans les livres et les colloques, mais qui doit être présente dans les têtes. Au lieu d'identifier la politique aux institutions publiques de la société marchande, on peut identifier la politique à la praxis en général. Mais il ne faut pas opposer abstraitement cette praxis à la théorie. La théorie dont il est question ici n'est pas la servante de la praxis, ni sa préparation, mais en est une partie intégrante. Le

---

confronter aujourd'hui réside dans le brouillage des frontières entre partisans et adversaires du système et dans la diffusion des bribes de pensée critique chez de nombreux individus qui participent en même temps pleinement à la marche du monde : ils lisent Marcuse et travaillent dans la publicité, ils gèrent des entreprises et donnent de l'argent pour les *zapatistas*, ils se déclarent anarchistes et font des carrières administratives… Il faut bien vivre, mais on ne veut pas être dupe. Il s'agit d'une véritable « mithridatisation » contre les prises de conscience capables de déranger une existence.

fétichisme n'est pas un ensemble de fausses représentations ; il est l'ensemble des formes – telles que l'argent – dans lequel la vie se déroule *réellement* en conditions capitalistes. Chaque progrès dans la compréhension théorique, de même que sa diffusion, est donc en lui-même un acte pratique.

Bien sûr, cela ne saurait suffire. Les formes futures de praxis seront assurément assez diversifiées, et comprendront également des luttes défensives au niveau de la reproduction matérielle (comme celles contre la précarisation du travail et contre la destruction de l'État social). S'il faut rompre avec les « politiques » qui se proposent seulement de défendre les intérêts en forme marchande des catégories sociales constituées par la logique fétichiste elle-même, du genre « pouvoir d'achat », il reste néanmoins nécessaire d'empêcher le développement capitaliste de ravager les bases de survie de grandes couches de la population, notamment en générant des nouvelles formes de misère qui sont souvent dues plutôt à l'exclusion qu'à l'exploitation – en effet, être exploité devient presque un privilège par rapport à la masse de ceux qui ont été déclarés « superflus », parce que « non rentables » (c'est-à-dire non utilisables d'une manière rentable dans la production marchande). Mais les réactions des « superflus » sont très diversifiées et peuvent tendre elles-mêmes à la barbarie. Être victime ne donne aucune garantie d'intégrité morale. Une vérité s'impose donc plus que jamais : le comportement des individus devant les vicissitudes de la vie capitaliste n'est pas le résultat mécanique de leur « situation sociale », de leurs « intérêts » ou de leur provenance géographique, ethnique ou religieuse, ni de leur genre ni de leurs orientations sexuelles. Face à la chute du capitalisme dans la barbarie, impossible de prédire la réaction de personne. Cela n'est pas le fait de la prétendue « individualisation » généralisée dont les sociologues ne cessent de chanter les merveilles pour ne pas devoir parler de la standardisation accrue qu'elle recouvre. Mais les lignes de partage ne sont plus celles créées par le développement capitaliste. De même que la barbarie peut surgir partout, dans les lycées finlandais et dans les bidonvilles africains, chez les bobos et chez les banlieusards, chez les soldats *high-tech* et chez les insurgés à mains nues, même la résistance à la barbarie et la poussée vers l'émancipation sociale peuvent naître partout (mais avec combien plus de difficulté !), même là où l'on ne l'attendait pas. Si aucune *catégorie* sociale n'a correspondu aux projections de ceux qui cherchaient le porteur de l'émancipation sociale, en revanche, des oppositions aux conditions inhumaines de la vie sous le capitalisme surgissent toujours à nouveau. Ce paysage plein de faux amis et de secours inespérés constitue le terrain, forcément peu lisible pour le moment, où toute « recomposition politique » doit se placer maintenant.

Politique de la précarité

Yves Dupeux

La précarité est devenue une question majeure de la situation politique actuelle au printemps 2006, avec la lutte contre le « contrat de première embauche » (CPE). Pour s'en convaincre, il suffit de se rappeler les multiples détournements du sigle « CPE », notamment le fameux « "C" comme "Chômeur", "P" comme "Précaire", "E" comme "Exploité" », qui d'ailleurs répondait, d'après les manifestants, à la volonté gouvernementale suivante : « Comment Précariser l'Emploi ». Pourtant, depuis l'élection de Sarkozy, on n'entend plus guère parler de précarité. A-t-elle disparu ? Non, évidemment et, à l'inverse on sait même fort bien qu'elle continue et va continuer à se généraliser avec la politique de Sarkozy. Mais alors, pourquoi n'en parle-t-on pas davantage ?

Je soutiendrai que la question de la précarité passe au second plan parce que l'élection de Sarkozy se présente comme une réponse à cette question. Bien sûr, formulée ainsi la thèse est contestable, puisque Sarkozy n'a jamais prétendu faire quoi que ce soit contre la précarité. Disons alors plus précisément que l'élection de Sarkozy, dans la mesure où il incarne une sécurité, voire *la* sécurité, apporte une réponse au problème de la précarité, c'est-à-dire à l'insécurité qui la caractérise.

La sécurité sarkozyenne, on en cerne assez aisément le sens. Elle demeure encore, conformément à son étymologie (*securitas*), cette « absence de soucis » ou cette « tranquillité civile » si chère à Hobbes. Mais comment comprendre ce souci, cette inquiétude, voire cette peur ou cette angoisse qui définissent l'insécurité ? Dans le discours habituel de Sarkozy, l'insécurité est due à « l'étranger » ou au « voyou », ce qui veut dire qu'elle dépend d'une cause extérieure à la politique menée et à la situation sociale en général, cause qui sert à produire une

« insécurité sociale ». Et grâce à cette insécurité plaquée sur la précarité, Sarkozy peut alors tranquillement étendre la précarité, puisque sa politique sécuritaire (répression, emprisonnement, expulsion) est censée répondre à l'insécurité qui la caractérise.

Sans être due à « l'étranger » ou au « voyou », l'insécurité sociale peut néanmoins relever de la menace que, prétendument, ceux-ci représentent pour nous, parce qu'elle est avant tout un sentiment, qui concerne donc un rapport à soi. L'insécurité de la précarité est ainsi la peur de la *dégradation*, dégradation du Moi par la perte de ce qui fait son « grade », c'est-à-dire son rang qui lui donne une identité et une dignité sociales. La précarité renvoie alors à ce qu'elle dégrade comme à son fondement, mais aussi, et le plus souvent, comme à son remède. Pour reprendre cet exemple, on peut dire que le CPE n'était en général perçu comme la forme « dégradée » d'un « véritable » contrat de travail (le CDI), ce contrat de travail déjà existant qui seul était censé pouvoir remédier au problème que posait sa dégradation par le CPE. Autant dire que l'opposition à la précarité peut alors consister à simplement s'accrocher au passé dans le présent, sans aucun autre avenir imaginable. Face à la précarité, il y a donc la possibilité d'une posture réactionnaire, celle qui exige la sécurité dont Sarkozy aura été l'incarnation, et dont, par ailleurs, le discours de Ségolène Royal ne se sera au fond jamais démarqué[1].

Il ne s'agit pas de confondre Sarkozy et Royal, mais plutôt d'affirmer que ce qu'on appelle la gauche n'aura jamais questionné le sens de « l'insécurité *sociale* » qui caractérise la précarité, ou ne l'aura que mal questionné. C'est pourquoi il ne

---

1. C'est pourquoi Badiou peut dire que les dernières élections n'ont mis en évidence que « *deux types de peur* », « *la peur* [...] *essentielle, celle qui caractérise la situation subjective des gens qui, dominateurs et privilégiés, sentent que ces privilèges sont relatifs et menacés* » et « *la peur que la première peur provoque, pour autant qu'elle convoque un type de maître, le flic agité* [on aura reconnu le portrait de Sarkozy] » (*De quoi Sarkozy est-il le nom? (Circonstances, 4)*, Paris, Nouvelles Éditions Lignes, 2007, p. 9-11). En outre, on ne confondra pas la « posture réactionnaire » avec l'« archaïsme » reproché à ceux qui résistent au capitalisme par les « modernes sarkozystes », précisément parce que ces « modernes » sont les premiers des réactionnaires – mais il n'y a pas qu'eux, puisque des précaires aussi ont voté pour Sarkozy, et c'est bien le problème.

reste que la sécurité sans la (question de la) précarité ; c'est bien pourquoi aussi il est plus qu'urgent de poser le problème de la précarité *politiquement*. « Politique de la précarité » veut dire cela : penser la façon dont la précarité peut comporter *en elle-même* une dimension politique, par-delà les différentes politiques qui ont abouti à la faire taire.

Toutefois, à peine cette exigence est-elle formulée qu'on se heurte à la manière dont la précarité demeure insaisissable, inapparente. À partir de la « posture réactionnaire » précédemment évoquée, on comprend pourquoi : si, en effet, la précarité renvoie à ce qu'elle dégrade comme à son fondement et son remède, en ce cas on ne peut vouloir que la même situation politique qu'avec la précarité *sans la précarité*. Autrement dit, la précarité ne fait que s'ajouter de manière « négative » à une situation déjà donnée, en ne présentant aucune consistance propre, ni donc d'enjeu par elle-même. Autrement dit encore et surtout, la dégradation inhérente à la précarité a, il est vrai, la forme d'une destitution, c'est-à-dire la forme de la perte toujours humiliante d'un grade ou d'un rang, mais ce grade peut n'être jamais qu'un degré sur une échelle qui en comporte bien d'autres, de sorte que l'on conserve malgré tout un rang, même très inférieur, et que la perte devient toute « relative [1] ». Au lieu d'être brutale, la destitution devient un changement progressif, continu mais lent et infini, et finalement aussi imperceptible que l'est le passage du clair à l'obscur dans un dégradé.

La précarité dégrade ainsi l'individu et cette dégradation atteint potentiellement la société en totalité. Dans cette généralisation, il ne suffit pas seulement de remarquer que la précarité touche de plus en plus de personnes, car l'essentiel resterait de côté. L'essentiel réside en effet dans la manière dont la précarité concerne tous les statuts sociaux, toutes les distinctions ou oppositions politiques classiques, en procédant

---

1. La dégradation a en effet deux significations réunies ici pour définir la précarité. « Dégrader » issu de « *degradare* », c'est-à-dire du grade (« *gradus* ») enlevé (« *de-* »), a le sens de la destitution, et « dégrader » issu de l'italien « *digradare* », c'est-à-dire du degré (« *grado* ») s'écartant (« *dis-* ») de son principe, a le sens d'un affaiblissement progressif.

à une décomposition des identités sociales et politiques. Autant dire que la précarité précarise le politique lui-même, c'est-à-dire déstabilise, défait et dissout l'unité dont le politique a besoin pour avoir un sens, ruinant par avance toute dimension politique de la précarité.

Par conséquent, la « politique de la précarité » est avant tout l'énoncé d'un problème. Car autant il est nécessaire de tenir à la dimension politique de la précarité pour faire face à la manière dont le problème qu'elle pose disparaît dès lors que l'idéologie sécuritaire la réduit à l'insécurité, autant cette exigence se détruit elle-même précisément à cause du sens propre de la précarité, c'est-à-dire de la décomposition du politique qu'elle opère. Autrement dit, n'y aura-t-il donc jamais que *des* précaires, sans unité qui puisse leur permettre de s'identifier eux-mêmes ?

Forme(s) de la précarité

La dégradation définit l'insécurité qui résulte de la précarité, mais elle ne définit pas la précarité en elle-même. Qu'est-ce donc que la précarité, si, du moins, il y a quelque chose comme *la* précarité, c'est-à-dire s'il est possible d'identifier quelque chose comme *le* précaire ? Car on ne trouvera pas *le* précaire aussi facilement que *le* travailleur ou *le* chômeur [1], par exemple, parce que le précaire peut être l'un ou l'autre, dans la mesure où la précarité concerne l'un et l'autre. Il y a donc des formes de la précarité qu'il convient d'analyser pour elles-mêmes, sans cependant oublier qu'elles ont la précarité en commun, puisque c'est ainsi que peut être dégagé son enjeu politique.

Bien que la précarité aujourd'hui la plus visible soit sans doute celle du travail, on ne saurait l'opposer à celle du chômage, tant le chômage a pu produire la précarité du travail, d'ailleurs en concentrant l'essentiel de la précarité avant qu'elle ne touche le travail. Le mécanisme est bien connu : le chômage a permis de faire pression sur les travailleurs, à la fois pour faire baisser les salaires, ce qui a donné ce qu'on appelle le *working*

---

1. Le dictionnaire lui-même n'admet d'ailleurs le terme « précaire » que comme adjectif, et non comme substantif.

poor, ce « travailleur pauvre » dont la précarité est principalement monétaire, et pour remettre en cause la stabilité ou la sécurité du statut du travail, légalisée dans le « contrat à durée indéterminée » (CDI), ce qui a donné une multiplicité de contrats de travail précaires, dont le CPE a fait partie. Mais qu'on ne s'y trompe pas : la précarité du travail produite par le chômage ne signifie pas qu'il serait en lui-même seulement précaire, puisque la précarité ne correspond à aucun statut et n'a de sens que dans un rapport, *comme rapport*.

Ce rapport qui caractérise la précarité implique d'abord que le chômage ne sera précaire que *par rapport* au travail, c'est-à-dire en comparaison de l'assurance et de la stabilité du travail. La précarité a donc au moins la forme de l'inassurance et de l'instabilité, que d'ailleurs le chômage lui-même impose au travail en produisant sa précarité. Car au-delà d'une simple comparaison, dans laquelle les termes comparés se font face comme s'ils étaient séparés, le rapport qui caractérise la précarité implique aussi l'action de l'un sur l'autre : le chômage précarise le travail, qui, en retour, précarise le chômage. Et il faut aller jusqu'à cette réversibilité du rapport pour comprendre comment le travail, grâce à sa « puissance idéologique », peut précariser le chômage. Si, en effet, les chiffres du chômage sont en baisse constante, c'est non seulement du fait de la dégressivité des allocations chômage – moins d'un chômeur sur deux est indemnisé –, mais surtout à cause de la suppression du statut de chômeur lui-même. La solution au problème du chômage est donc évidente : c'est la précarité, précarité que les travailleurs précaires seraient actuellement prêts à justifier, au fond par peur de devenir plus précaires qu'ils ne le sont.

La précarité rapporte donc l'un à l'autre le travail et le chômage pour remettre en cause leur distinction, pour dépasser leur opposition par une précarisation mutuelle. Ainsi la précarité ne se contente-t-elle pas de défaire ou déformer des formes, des statuts ou des identités fixées (travail, chômage). Elle déforme également l'identité ou la fixité du rapport de ces identités. Être précaire, c'est alors toujours être *plus ou moins* précaire, parce que c'est la perte d'une identité qui ne s'oppose pas à une autre identité, fût-ce de manière « négative », et qui n'offre donc aucune place déterminée. Or cette angoissante absence de place permet de distinguer la précarité de l'intermittence, et l'impossibilité qui en résulte d'opposer, même de manière « négative », la précarité à quoi que ce soit, permet de la distinguer aussi bien de la pauvreté que de l'exclusion. Successivement, donc :

1. Tout comme la précarité, l'intermittence est devenue une forme dominante du travail, qui, à l'évidence, comporte de la précarité *par rapport* au travail stable et constant. Néanmoins, cette précarité conserve la stabilité et la constance du travail comme modèle dans la mesure où, conformément à sa signification, l'intermittence a lieu *entre deux* moments de la forme stable du travail. En d'autres termes, l'instabilité de l'intermittence demeure provisoire, son incertitude passagère, parce que sa discontinuité demeure discontinue [1], tandis que la précarité a la forme d'une discontinuité continue, d'une incertitude certaine, ou de la certitude d'une incertitude telle qu'elle devient une peur, ou plutôt une angoisse face à l'instabilité constante. Car si l'intermittence inquiète, parce que l'attente d'un nouveau travail peut durer, la précarité angoisse parce qu'il n'y a même plus l'espoir qui, malgré tout, rassure, et il s'ensuit qu'elle dégrade (au sens auparavant défini) ou détruit.

2. 1. Au premier abord, il semble bien difficile de distinguer la précarité de la pauvreté. En plus de la synonymie habituelle des deux termes, en effet, la pauvreté partage avec la précarité l'absence de statut ou d'identité, et même la déformation du statut. Par exemple, le travailleur pauvre est le travailleur qui, bien qu'il travaille et devrait ainsi pouvoir assurer sa subsistance, n'y parvient pas : il s'appauvrit en travaillant, ce qui remet en cause le sens même (et la nécessité : à quoi bon ?) du travail salarié. Dégagée d'un statut, la pauvreté devient générale au point de

---

1. Tel est aussi le cas de l'intérim, qui, à ce titre, est bien proche de l'intermittence. La spécificité de l'intérim vient du remplacement en lequel il consiste. Sa généralisation signifie par conséquent que tout travailleur est remplaçable, quelles qu'en soient les raisons.

concerner non seulement le travailleur, mais bien sûr aussi le chômeur, l'intermittent ou l'intérimaire, sans compter qu'elle n'est jamais seulement monétaire, mais également culturelle, affective, etc. – bref: la pauvreté touche à chaque fois plusieurs « formes de vie ». Toutefois, la comparaison entre la pauvreté et la précarité s'arrête là, parce que la pauvreté s'oppose à la richesse et conserve du même coup une forme, fût-elle « négative ». À l'inverse, la précarité ne s'oppose à rien, même si les précaires ne sont pas riches, et va même jusqu'à déformer la forme de la pauvreté. Le précaire sera alors « l'appauvri », et encore, à condition de comprendre que l'appauvrissement n'a pas cessé d'agir pour laisser la place à une forme, mais continue d'agir pour épuiser – ainsi que l'appauvrissement le fait pour un sol – à l'infini, pour dégrader le précaire en le diminuant. Et si le précaire est bien cet « appauvri » dans lequel l'appauvrissement opère encore, il en résulte que la précarité devient la cause de la pauvreté.

2. 2. Contrairement à ce qu'on pourrait imaginer, la précarité ne doit pas être confondue avec l'exclusion. Car même s'il est vrai qu'il y a dans la précarité ce mouvement de sortie du statut, de l'identité ou de la forme qui ressemble à l'exclusion, l'exclu est sorti: il est dehors ou en dehors, en ayant franchi un seuil que le précaire ne peut pas franchir. Autant dire que l'exclu s'oppose à l'inclus (= l'inséré, mais le mot n'existe pas non plus, parce que c'est la norme) dont il constitue la forme « négative » : les exclus sont tous les « sans », tous ceux qui sont « privés de... », presque comme s'ils étaient en manque – d'un statut, de droits, d'une forme identifiable. En un sens, le précaire ne manque de rien, n'est privé de rien, précisément parce qu'il n'est pas rien, parce qu'il n'est pas encore arrivé à ce rien du dehors, de l'exclusion. Le précaire est plutôt peu, mais si peu qu'il ne compte plus, comme s'il était finalement moins que rien. La raison en est simple: rien peut encore être opposé à quelque chose, tandis que le précaire ne s'oppose pas à quoi que ce soit, et n'a donc que sa précarité pour horizon, c'est-à-dire le mouvement infini de sortie du statut ou de la forme, sans extérieur.

Travail, chômage, intermittence, pauvreté, exclusion, autant de formes de la précarité qui, dans la mesure où elles restent pensées comme formes, n'entraînent que des situations précaires irréductibles. Et, à la limite, pourquoi n'y aurait-il pas autant de situations précaires qu'il y a de précaires, la précarité ne désignant alors plus qu'une unité abstraite, voire un état déterminé par la fatalité comme s'il dépendait d'une puissance supérieure [1]? Pourtant, les formes de la pauvreté et de l'exclusion ont permis de mettre en évidence un mouvement d'appauvrissement et d'exclusion qui peut définir la précarité en elle-même. Il n'y aurait donc pas *la* précarité parce qu'elle ne serait qu'un mouvement, en l'occurrence le mouvement de précarisation. Ainsi peut-on échapper au fatalisme de la précarité pour affirmer qu'elle constitue un processus historique, qui, vraisemblablement, caractérise le plus proprement le mode de domination actuel du capitalisme. Mais c'est du même coup l'enjeu politique de la précarité qui pointe.

Politique de la précarité

La précarisation est le mouvement qui porte, « supporte » la multiplicité des situations précaires irréductibles les unes aux autres et, à ce titre, elle est l'unité politique recherchée pour définir la précarité. Mais elle ne l'est que comme une cause explicative, qui certes permet de comprendre les précarités, mais qui ne saurait permettre aux précaires de s'identifier comme précaires, afin de faire face à leur précarité. La précarisation devient en ce sens synonyme de la dégradation, c'est-à-dire de la déformation seulement « négative » qui remet en cause toute forme assurée (statut, identité) du politique, sans pouvoir ouvrir une dimension politique « positive » de la

---

1. C'est là ce que confirme l'étymologie du mot « précarité », puisqu'il vient du latin *precarius* », qui signifie ce qui est « obtenu par la prière » (du verbe « *precari* », « prier », « demander en priant ») et dépend en ce sens du bon vouloir des dieux. Or c'est à cause de cela encore qu'au dix-neuvième siècle encore la précarité désigne la situation instable du détenteur d'un droit, parce qu'elle relève du bon vouloir de ce (ou celui) qui a accordé ce droit, bon vouloir aujourd'hui incarné par le patronat, comme si les patrons étaient les derniers descendants des dieux.

précarité, une « communauté des précaires ». De fait, il n'y a pas de représentation des précaires, non seulement réelle (la lutte contre la précarité n'a lieu que dans des « collectifs », et l'on n'y trouve que bien peu de précaires), mais sans doute aussi possible. La précarisation précarise donc à ce point le politique qu'elle demeure incapable de paraître politiquement, comme si la « posture réactionnaire » auparavant évoquée constituait la seule réponse politique possible à la précarité. Mais la précarisation a-t-elle vraiment à paraître politiquement pour accéder à une dimension politique ?

« Paraître politiquement » : c'est en effet ce qu'exige la posture réactionnaire, en soumettant le politique au paraître, en faisant donc du politique ce qui doit avoir une forme et une unité, la forme d'une unité et l'unité d'une forme à laquelle la précarisation échappe. Ainsi la posture réactionnaire s'accroche-t-elle au « déjà paru », valorise cette forme identifiable du passé dont elle ne supporte pas la déformation qui ne montre plus rien. Et à l'évidence, c'est la posture des syndicats, car n'ayant pas su défendre les chômeurs autrement que pour les faire travailler, ils se trouvent être aujourd'hui les alliés du gouvernement, cherchant juste « pour la forme » quelques vagues garanties propres au travail, sans pouvoir envisager le problème plus général de la précarité.

« Paraître politiquement » : c'est aussi l'exigence à laquelle répond le discours sécuritaire, autant par la forme identifiée comme cause de la précarité (« l'étranger » ou « le voyou ») que par les moyens répressifs choisis pour y faire face, puisqu'ils sont et se veulent visibles. La posture réactionnaire et le discours sécuritaire sont ainsi renvoyés dos-à-dos, parce que l'un et l'autre identifient le politique de manière phénoménologique, si on peut dire. Cette « phénoménologie politique » fait disparaître la question de la précarité, sans cependant pouvoir empêcher la précarité d'exister ni de se généraliser, dans la mesure où sa dimension politique, n'appartenant pas à l'ordre du paraître, ne saurait non plus disparaître [1].

---

1. Il convient donc de dégager le discours politique, qui concerne l'être-en-commun

La précarisation constitue la dimension politique de la précarité parce qu'elle met en rapport et ainsi en commun les différentes formes de précarité par-delà les statuts dont ces formes dépendent. Elle désigne alors un mouvement qui, ne relevant plus d'un statut, correspond à une orientation politique qui accomplit la domination du capitalisme. Pour le dire très/trop vite, cette domination a lieu actuellement – mais ce n'est pas nouveau – au moyen d'une mobilisation générale par le travail, c'est-à-dire non seulement d'un appel ou d'un rappel indéniablement moral à l'idéologie du travail (la « valeur travail »), mais d'une façon de « rendre mobile », de mettre en mouvement la totalité des capacités ou des forces de chaque individu et de la société entière d'une nouvelle manière, pour lutter contre l'immobilisme (évidemment « archaïque ») de la société. Cette « guerre » par le travail veut en finir avec l'immobilité du travail liée à un statut, et c'est pourquoi cette mobilisation générale s'accompagne d'une flexibilité du travail qui assure l'adaptation de la société au marché mondial. Mobilisation, flexibilité et adaptation sont les trois mots qui définissent la précarisation et qui produisent la précarité, cette précarité qui, certes, précarise le statut du travail, mais qui surtout, par-delà ce statut, touche la vie même de l'individu qui est mobilisée par un nouveau sens du travail.

À cet égard, qu'on se souvienne des propos que Parisot, la présidente du patronat, a tenus quelque six mois avant le mouvement anti-CPE : « La vie, la santé, l'amour sont précaires, pourquoi le travail échapperait-il à cette loi ? »[1] On comprend bien ce que, à première vue, de tels propos semblent vouloir dire, à savoir que la vie, la santé et l'amour sont fragiles et ne

ou l'être-avec, de sa prédétermination phénoménologique, à l'instar de ce que le travail de Jean-Luc Nancy soutient de manière récurrente au moins depuis *Le sens du monde* (Paris, Galilée, 1993). Cette prédétermination phénoménologique du politique particulièrement sensible aujourd'hui – n'existe que ce (lui) qui paraît, dans les médias surtout – n'est pas sans rapport avec le caractère spectaculaire de la société capitaliste que Guy Debord a mis en évidence dans *La société du spectacle* (Paris, Gallimard, 1992).
1. *Le Figaro*, 30 août 2005. Elle y reviendra quelques jours plus tard, en déclarant au micro de *France Inter* que « la précarité est une loi de la condition humaine ».

durent pas, de sorte qu'il n'y a pas de raison que le travail dure. Bien sûr, à « gauche », ces propos ont immédiatement été pris pour une provocation : la vie, la santé, l'amour et le travail ne sont pas comparables, dans la mesure où la précarité est un problème politique qui concerne uniquement le travail, tandis que la fragilité de la vie, de la santé et de l'amour est d'un autre ordre. Certes oui. Et pourtant, si Parisot a pu tenir ces propos, c'est parce que le travail, y compris dans sa dimension politique, définit la vie *elle-même*, par différence avec la classique force de travail qui pouvait en être abstraite en correspondant du même coup à un statut. Par conséquent, pour le patronat, la précarité correspond à une dimension *biopolitique* du travail.

De Foucault à Negri, entre autres, la biopolitique est une idée souvent analysée et dont il n'est pas question de discuter ici les interprétations. On en retiendra au minimum qu'au lieu de désigner une politique qui porte sur la vie comme sur son objet, elle désigne la manière dont la vie détermine essentiellement le politique : la politique s'attache alors aux « phénomènes vitaux » que sont la santé, l'éducation, l'alimentation, le savoir, les transports, etc.. Autant de phénomènes qui, bien sûr, en même temps que politiques, sont également économiques, de sorte que la vie détermine la production économique qui en retour produit la vie, c'est-à-dire rend la vie elle-même productrice. Et tel est bien le nouveau sens du travail : la vie elle-même travaille, par la mobilisation de ses qualités à chaque fois singulières que sont par exemple la vitalité, le sérieux ou la décontraction, l'humour ou la parole qui rassure (c'est cela qui fait vendre aujourd'hui), et c'est pourquoi on pourrait presque soutenir qu'il y a une précarité irréductible de ce sens du travail.

On le pourrait presque, oui, comme l'aimerait sans doute le patronat. Car dire « la précarité, c'est la vie » reviendrait encore à faire de la précarité une fatalité (que d'ailleurs signifie l'expression « c'est la vie ! »), et du même coup on renoncerait à sa dimension politique. Ainsi, autant il est nécessaire de reconnaître le caractère biopolitique de la précarité, sinon on en reste à une analyse qui n'échappe pas à la posture réactionnaire, autant il est également nécessaire de dégager cette biopolitique de son appropriation par le capitalisme dans le mouvement de précarisation qu'il opère. Tenir une position politique au sujet de la précarité se fera donc nécessairement contre le capitalisme.

Mais au bout du compte, cette position politique peut-elle se réduire au biopolitique ? Car si le capitalisme parvient à s'approprier le biopolitique, n'est-ce pas parce qu'il y a dans cette vie (*bios*) quelque chose qui lui est propre et lui permet ainsi de continuer à exercer sa domination ? Certes, il est vrai que « *bios* » désigne habituellement, par différence avec « *zôê* » (le simple fait de vivre), la vie comme « forme de vie », et c'est bien une forme de vie proprement humaine que le capitalisme fait travailler aujourd'hui, comme le montre l'essor de l'économie de la connaissance, dans laquelle le capital humain est le plus souvent mis en œuvre en commun. Mais « *bios* » désigne aussi la « vie naturelle », qu'elle soit humaine, animale ou végétale, et la logique de cette vie reste alors bio-logique, c'est-à-dire liée aux fonctions vitales et à leur reproduction, indépendamment du sens politique de cette vie. Or le capitalisme ne cherche pas à dégager la « forme de vie » proprement humaine de la « vie naturelle », mais au contraire à l'y soumettre, pour que l'« ordre naturel » soit maintenu – le capitalisme, on le sait, tient aux « lois naturelles » qui régissent le vivant, la concurrence exprimant cette « lutte pour la vie » dans laquelle le plus fort s'impose et domine.

Il en résulte que la précarisation est le mouvement par lequel le capitalisme, en s'appuyant sur ce qui est proprement humain, le *dégrade* pour le retourner en son contraire, procédant ainsi à une déshumanisation qui réduit la vie humaine à une « vie (simplement) naturelle », dans laquelle domine l'animalité – et la barbarie qui l'accompagne. Face à cette précarisation, l'exigence politique doit donc consister à libérer ce qui est proprement humain, non seulement de la « vie naturelle », mais sans doute aussi de l'horizon du *bios* en général. Plus que la vie, la précarité met en effet en jeu le *sens* de la vie, ouvrant l'un à l'autre l'ontologie et le politique. Or par définition, l'ontologie ne se réduit pas au *bio*politique[1], parce qu'elle est la question du sens de toute chose, de l'être de l'étant en totalité (pour le dire de manière heideggérienne). Et c'est bien le sens de l'être que le capitalisme définit, dans un monde où il n'y a pas que des vivants.

Novembre-décembre 2007

---

1. Comme semblent le faire Hardt et Negri dans *Empire* (Paris, 10/18, 2000).

Sarkozy, nous voilà [1]…

Alain Badiou (Entretien avec Aude Lancelin)

Un tremblement de terre, une désorientation complète des repères politiques, c'est ainsi que vous présentez l'élection de Nicolas Sarkozy… Qu'est-ce qui lui confère une telle spécificité ?

Cet événement marque la fin d'une séquence. Celle de l'union tacite entre gaullistes et communistes qui formait le ciment de la politique nationale depuis la Libération : intervention économique de l'État, mesures sociales, distance critique envers les Américains. D'où la période de confusion à laquelle on assiste, tous ces ralliements de gauche à une figure pourtant singulièrement réactionnaire.

Vous allez jusqu'à opérer une analogie entre sarkozysme et pétainisme… Qu'est-ce qui permet, selon vous, ce rapprochement historique pour le moins « audacieux » ?

Il n'y a pas de ressemblance au sens strict, mais un esprit commun. J'appelle « pétainisme » une forme particulière de la réaction française, qui existe au fond depuis 1815. Premier trait : présenter une politique capitularde comme une régénération nationale. La « rupture », c'est quoi ? Le démantèlement des acquis sociaux, le fait que les riches paient moins d'impôts, qu'on privatise de façon rampante l'université, qu'on donne les coudées franches aux affairistes. Cette façon de déguiser une soumission au capitalisme mondialisé en révolution nationale relève en soi du « pétainisme » au sens formel. Deuxième trait : une répression administrative très dure, visant des groupes tenus pour étranger à la société « normale ». Il ne faut tout de même pas oublier que la dernière élection s'est gagnée sur la capacité à capter les électeurs du FN. Créer des suspects, les

---

1. Entretien publié sous ce titre dans le *Nouvel Observateur*, le 6 décembre 2007.

Africains, ou les musulmans ou les jeunes des banlieues, figures nébuleuses à réprimer et à surveiller, est une activité essentielle du nouveau pouvoir, loin d'être seulement son ornement extérieur.

Vous évoquez aussi un retour à l'esprit du XIXᵉ siècle, décrivant des capitalistes décomplexés, animés par l'idée que les pauvres sont des paresseux, les Africains des arriérés.

Il s'agit d'un phénomène mondial, pas simplement français. La cause majeure, c'est bien sûr l'effondrement de l'hypothèse communiste. Tant que celle-ci vivait, les dominants étaient obligés de négocier âprement leur pouvoir, parce qu'une autre voix existait, et qu'une conviction populaire et intellectuelle la soutenait massivement. Maintenant, la bourgeoisie est dans le lâche soulagement : l'« idée » est discréditée, les États communistes sont eux-mêmes devenus capitalistes. Le capitalisme peut à nouveau se présenter comme la solution indépassable, et l'argent être réintroduit comme valeur. Sarkozy est l'homme de tout ça. L'« homme de la situation ». Au fond, c'est le premier vrai poststalinien français. *[Rires.]*

On ne vous sent pas pour autant très optimiste concernant les chances d'une reconstruction de la gauche face à cette lame de fond sarkozyste... Que faire, pour reprendre le mot d'un de vos devanciers ?

On peut prévoir que la gauche sociale-démocrate va être amenée à s'accommoder aux données du libéralisme mondialisé, à se « strauss-kahniser ». Cela s'est passé dans les autres pays européens, il n'y a pas de raison que la France y échappe. L'extrême gauche est elle aussi face à un vaste chantier. La phase confuse et groupusculaire va durer très longtemps. C'est bien normal puisque nous sommes au début du XIXᵉ siècle ! Les forces émancipatrices sont au début d'une longue marche.

Autre marqueur idéologique du sarkozysme : le ralliement à un système américain pourtant lui-même largement décomposé... Comment l'interprétez-vous ?

Je pense qu'il était extrêmement important pour Sarkozy de montrer que le gaullisme était mort. D'où son positionnement rapide en chouchou de Busch. Mes amis américains sont horrifiés, à vrai dire. La France reste un mythe là-bas. Ce que vous ne comprenez pas, leur dis-je, c'est que la France est profondément réactionnaire en ses tréfonds. Le Front populaire a tout de même débouché sur Pétain. Mai-68, sur une Chambre des Députés bleu horizon. Si vous la prenez dans sa masse, elle est assez horrible, la France. Attention, c'est un patriote français qui dit ça. Quelqu'un de très attaché à ce pays.

C'est-à-dire ?

Deux choses m'y rattachent profondément. La grande tradition du rationalisme français, bien sûr, de Descartes à Lacan, en passant par les Lumières. Et puis, une poignée de gens, dont la Résistance offre l'image absolue. Au bout du compte, la France a toujours été sauvée par les acrobaties d'un tout petit nombre. C'est sur celui-ci qu'on doit continuer à miser.

Nouvelle période, nouveau programme, nouveau parti

Daniel Bensaïd (Entretien avec M. Surya et S. Raimondi)

Lignes: Généralement, Lignes *ne se préoccupe guère de stratégie politique et ne s'est jamais réellement soucié des échéances électorales. L'occasion se présente toutefois de le faire ici avec toi, dans le cadre de cet ensemble de textes réuni autour des idées de « décomposition et de recomposition politiques », parce que tu occupes une position qui est tout à fait singulière parmi nous, position qui te fait être intellectuel « pur », si j'ose dire – auteur de nombreux livres de théorie critique et de philosophie, et, en même temps, un militant de la Ligue communiste révolutionnaire – en quelque sorte un intellectuel militant. Ce qui nous intéresse, c'est cette éventualité, plusieurs fois envisagée par vous, à la Ligue, éventualité aujourd'hui rendue publique, de la constitution d'un parti nouveau et élargi, d'un « parti » ou d'un « rassemblement » – tu diras quel mot convient. Nous pourrions utilement commencer par évoquer l'ancienneté de ce projet. Il y a plus de dix ans que tu en parles désormais, depuis 1995, je crois. Qu'est-ce qui a fait qu'à ce moment-là, dans votre réflexion collective, vous l'envisagiez comme possible et comme nécessaire? Et pourquoi cela n'a-t-il pas fonctionné?*

Daniel Bensaïd: Cette idée est même antérieure à 1995. Elle est née d'un constat: la « chute du Mur de Berlin » et l'implosion de l'Union Soviétique n'avaient pas accouché du scénario de relance d'un socialisme démocratique, sur lequel misait, historiquement, le courant dont la Ligue provient. Dans les années 1930, Trotski, formulait deux hypothèses quant à ce qui résulterait de la guerre. Soit une Révolution anti-bureaucratique remettrait en marche le processus engagé au lendemain de la Première Guerre mondiale; soit, au contraire, le régime soviétique serait renversé et le capitalisme restauré. Ni l'une ni l'autre ne s'est produite en réalité. En tout cas, pas dans les formes et les échéances envisagées.

On mesure maintenant que 1989 parachevait une contre-révolution à l'œuvre depuis très longtemps. Le maniement trop simple des termes « révolution » et « contre-révolution » pousse à imaginer la contre-révolution comme un événement symétrique et aussi identifiable qu'une révolution. Or, Joseph de Maistre a émis cette idée, qui paraît fort juste, suivant laquelle une contre-révolution, ce n'est pas une révolution en sens contraire, mais « le contraire d'une révolution ». C'est donc d'un processus asymétrique qu'il convient de parler. Ce dernier a commencé dès la fin des années 1920, et il était largement consommé au moment où survinrent les événements de 1989 et 1991, qui n'en sont jamais que le dénouement. Le constat dont nous partions au seuil des années 1990, c'est donc que ces événements-là marquaient une cassure historique. Les fantômes de Boukharine ou de Trotski ne sont pas sortis alors du placard, ils n'ont pas représenté des références pour les nouvelles générations politiques en Union Soviétique ou en Europe de l'Est. La mémoire aussi avait été défaite.

La plongée dans les mirages de la mondialisation libérale a été immédiate, et les oppositions au stalinisme de l'entre-deux-guerres, à tort ou a raison – à tort, bien sûr, de mon point de vue – ont été ensevelies sous les ruines de cette période. Dès la fin des années 1980 (on pouvait déjà le pressentir sous Gorbatchev) et, pour prendre un repère sur les dates, dès 1989 et 1991, l'idée était donc qu'on entrait dans une époque nouvelle. Les anciennes délimitations qui avaient justifié la constitution de courants ou d'organisations politiques – sans être devenues complètement caduques – n'opéraient plus de la même manière. L'ordre du jour était donc à la nécessité de penser une reconstruction programmatique et un nouveau projet politique, dans son contenu comme dans ses formes organisées.

Le problème s'est donc posé dès 1989-1991. Les grèves de l'hiver 1995 ont commencé à laisser entrevoir la possibilité que des équipes militantes, syndicales, associatives s'engagent dans une perspective de ce type. Mais cette possibilité a tourné court. Elle a été rapidement avortée par la victoire de la gauche en 1997 – effet différé des grèves de 1995 et de la dissolution chiraquienne de l'Assemblée nationale. Cette victoire électorale a canalisé une bonne part des énergies libérées lors des grèves de l'hiver 1995 et des mobilisations de l'hiver 1997 contre les lois Pasqua-Debré. Les organisations syndicales ont été pour la plupart re-polarisées par le « dialogue social » avec le gouvernement Jospin, neutralisées au nom du réalisme gouvernemental et d'une politique du moindre mal (qui a tout de même abouti à un score de 17 % pour Le Pen en 2002 !).

Cela dit, si la formule « à nouvelle période, nouveau programme et nouveau parti », est clairement énoncée au début des années 1990, ce besoin avait commencé à se faire sentir dès la décennie antérieure. En 1988, quel que soit le bilan que l'on en ait tiré, la tentative de campagne unitaire à gauche de la gauche autour de la candidature Juquin s'inscrivait déjà dans ce type de préoccupation.

Il y avait dans votre projet des années 1990 l'idée de fédérer tous ceux qui s'étaient constitués en collectifs, je pense aux collectifs des Sans, qui apparurent à ce moment-là. Autrement dit, il se serait agi de vous ouvrir à tout ce qui faisait de politique en dehors des partis.

Daniel Bensaïd : Tout au long des années 1990, des différenciations sont apparues au sein de la gauche de gouvernement. Plusieurs générations de rénovateurs et de refondateurs ont émergé du Parti communiste. Que l'on songe ce que sont devenus trois de ses quatre ministres de 1981 : Marcel Rigoud, Anicet Le Pors, Charles Fiterman, et bien d'autres dirigeants comme Pierre Juquin, Claude Poperen, André Fizbin… Du Parti socialiste sont sortis Chevènement et le Mouvement des citoyens. Tout cela s'est traduit par des tentatives de regroupements, dont déjà une campagne unitaire pour un « Non de gauche » lors du référendum sur le Traité de Maastricht en 1992. Mais ces ruptures sont restées éphémères. La plupart ont été satellisées par le Parti socialiste (la logique électorale

des institutions de la Vᵉ République pèse fortement dans ce
sens), quand elles n'ont pas connu des trajectoires encore plus
erratiques (que l'on songe à celle de Max Gallo). Il fallait en
tirer les conclusions. Force était de constater que les ressources
militantes déterminantes pour un renouveau ou une reconstruction se trouvaient essentiellement dans la fermentation
des mouvements sociaux, dans leur pluralité et dans les formes
nouvelles que leur donnait l'émergence de collectifs comme
ceux des Sans – sans travail, sans logis, sans papiers, sans
droits. C'est d'ailleurs ce que symbolisa alors l'engagement
de Pierre Bourdieu. La problématique sur laquelle s'étaient
construites les oppositions politiques, notamment l'opposition
de gauche au stalinisme, dans les années 1930 et 1950, était
que le mouvement ouvrier ne disposait pas de la direction et de
l'expression politiques qu'il méritait. Il s'agissait donc seulement
de changer la tête sur un corps resté fondamentalement sain.

Le début des années 1990 a montré que les dégâts du
stalinisme se révélaient, à l'épreuve de la durée, beaucoup plus
profonds qu'on ne l'avait imaginé. Il ne s'agissait pas d'un long
détour ou d'une parenthèse sur la voie royale de l'histoire,
mais d'une véritable bifurcation, dont les effets se feront sentir
encore longtemps. C'est à une reconstruction à tous les niveaux,
social, syndical, associatif, jusqu'aux formes de représentations
politiques, qu'il fallait désormais s'atteler.

*Quel accueil a reçu votre proposition alors ? L'élection de Jospin a-
t-elle constitué l'unique obstacle à s'être dressé contre, ou a-t-elle aussi
suscité la méfiance, la suspicion – politiques, idéologiques ?*

Daniel Bensaïd : Peut-être, d'abord, la condition nécessaire
– mais non suffisante – autrement dit l'accumulation de nouvelles
expériences de luttes fondatrices, n'était-elle pas remplie. Il
existait, certes, un début de remobilisation sociale, mais pas un
élan tel qu'il aurait permis de surmonter les obstacles politiques
réels. La différence, par rapport à aujourd'hui, c'est que nous
considérions à l'époque – à juste titre je crois – que, pour
qu'un projet d'organisation soit crédible, il devait apparaître

à la fois comme une convergence de courants politiques provenant d'histoires et de trajectoires différentes, et comme leur dépassement. La pluralité était donc une des conditions de crédibilité, faute de quoi – et le problème demeure aujourd'hui – le risque était grand d'en rester un simple élargissement, un relookage ou une opération d'affichage et de communication. Les échéances électorales ont été déterminantes pour tester la détermination de ceux et celles qui étaient susceptibles d'être intéressés, leur capacité à tenir la cohérence entre les paroles et les actes, ou, au contraire, leur facilité à céder aux sirènes institutionnelles et à se perdre dans des alliances tactiques sans lendemain.

Au fil des années, d'échéance électorale en échéance électorale, la conclusion n'a cessé de se confirmer. La victoire de la gauche en 1997, par exemple, a réintégré dans l'aire de la politique gouvernementale une large part des mouvements sociaux apparus au début des années 1990 et notamment en 1995. Pour les organisations politiques, le choix était de participer ou non au gouvernement de la gauche plurielle, d'être solidaire de sa politique ou de s'y opposer, sur les privatisations, les sans-papiers, le Traité d'Amsterdam, les modalités d'application des 35 heures. Ce type de choix n'a cessé de se répéter depuis. C'est une des raisons qui ont fait échouer la perspective pourtant souhaitable d'une candidature unitaire de la gauche radicale à la présidentielle de 2007. Il était illusoire d'imaginer que le « Non de gauche » de 2005 au Traité constitutionnel européen constituait une base suffisante pour constituer un projet de société commun. On a vu, dès le congrès socialiste du Mans, en été 2005, la quasi-totalité des « nonistes » socialistes rentrer dans le rang de la « synthèse » ! Nous avons clairement affirmé, au contraire, que nous n'étions pas synthétisables dans une nouvelle mouture de la gauche plurielle qui referait la même chose que le gouvernement Jospin, ou pire encore, avec Dominique Strauss-Kahn ou avec Ségolène Royal.

Il fallait donc définir un projet solide sur les questions majeures (la justice sociale, le partage des richesses, l'Europe, la guerre, l'immigration), mais aussi se mettre d'accord sur les alliances compatibles avec un tel programme. Il s'est vérifié au cours de la campagne que le Parti communiste était « Ségo-compatible », et disponible à un *remake* de la gauche plurielle, et, de manière plus surprenante, que José Bové était sensible à l'ouverture « royale » au point d'accepter une mission para-gouvernementale de la candidate sans même attendre le deuxième tour de la présidentielle. Ces accommodements ne pouvaient que brouiller les lignes de partages qui commençaient à peine à se redessiner, et désorienter ceux et celles qui reprenaient goût à la politique. Ils étaient donc exclus. Olivier Besancenot était à l'évidence le meilleur des candidats pressentis, pas pour une question de « look » comme on l'entend trop souvent, mais par sa clarté et sa fermeté sur le fond, par son expérience sociale, par sa démarche collective, y compris par son potentiel électoral. La suite l'a confirmé. Aux yeux de partenaires éventuels, son principal défaut était finalement son appartenance partisane. Mais, au-delà de ses talents personnels, les qualités qu'on lui reconnaît volontiers n'existent pas *malgré* mais aussi *à cause* de cette appartenance, de son implication dans une histoire et une expérience collectives.

Le problème du rapport aux institutions a été déterminant dans le choix des uns et des autres. J'entends bien les arguments qui consistent à dire qu'un parti disposant de positions dans des municipalités de gauche peut y conduire des politiques sociales différentes de celles de la droite (même s'il arrive qu'ils mènent, sur l'immigration et l'emploi, par exemple, des politiques aussi discutables que la droite). Leur souci de conserver ces positions peut être entendu. Mais on sait très bien qu'un projet de reconstruction d'une gauche non reniée et non frelatée passera inévitablement par une cure d'amaigrissement institutionnel. Il faut savoir si l'on est prêt à en payer le prix et à sacrifier quelques succès éphémères à un projet de reconstruction aussi « durable » que le développement du même nom. Il faut choisir. S'engager sur le moyen et le long terme, dans une action qui redonne une cohérence à la parole politique, et confiance en elle. Préserver à tout prix des positions acquises, c'est forcément, dans l'état actuel des rapports de forces sociaux et électoraux, se résigner à une position subalterne et auxiliaire de la principale force de gauche, le Parti socialiste, en être otage et caution sans peser réellement sur sa politique. C'est ce qu'est encore en train de vérifier en Italie la participation de *Rifondazione comunista* au gouvernement de Romano Prodi.

D'où l'idée, aujourd'hui, de débloquer la situation par le bas, en misant sur de nouvelles générations militantes dans les entreprises, dans les universités, dans les banlieues. Quelque chose se passe. Avant tout, la perte de légitimité du discours libéral. Son discours triomphant du début des années 1990 – promettant une ère de paix, de prospérité, etc. –, ne passe plus. La remobilisation sociale s'est traduite dans un premier temps par un essor des mouvements, assorti d'une grande méfiance (compréhensible) envers toute forme de représentation et d'organisation politiques. Cette méfiance colporte cependant, à mon avis, l'illusion consistant à déduire les phénomènes de bureaucratisation des formes organisationnelles, notamment de la « forme parti ». Or, la bureaucratisation est un phénomène beaucoup plus profond – et beaucoup plus grave – dans les sociétés modernes. Elle est liée à la division sociale et technique du travail, à la professionnalisation de la politique, à la privatisation des savoirs, à la complexité des rapports sociaux. Elle ne traverse pas seulement les partis, mais tout autant, voire plus, les appareils syndicaux, où les cristallisations matérielles sont considérables, et même les organisations non gouvernementales ou associatives dès lors qu'elles sont largement subventionnées, sans parler des appareils et administrations d'État. Le problème est donc bien plus vaste.

À la fin des années 1990 et au début 2000, l'expérience a été faite des limites de ce que d'aucuns ont cru être une autosuffisance des mouvements sociaux. Des limites, si l'on veut, de « l'illusion sociale » opposant la pureté d'une action sociale saine aux impuretés et aux salissures de l'engagement politique. Les attentes sociales qui ne parviennent pas à trouver de réponses sur le terrain social se reportent alors (souvent de manière minimaliste) sur le terrain électoral. Cette demande de politique, au sens large du terme, il faut y répondre autrement que par un discours résigné au moindre mal (le « tout-sauf » – Berlu ou Sarko), et autrement qu'en prenant le dernier wagon du dernier train d'une gauche à l'agonie.

Le besoin urgent d'un nouveau parti est inscrit dans la logique de la situation : une droite de droite se propose, par des contre-réformes brutales, d'aligner le pays sur la norme libérale de la mondialisation ; une gauche du centre s'aligne, quant à elle sur la norme d'une social-démocratie convertie au libéralisme (tempéré ou non) : New Labour en Angleterre, Nouveau centre en Allemagne, Parti démocratique en Italie. Cette situation solde la défaite historique des politiques d'émancipation au XXe siècle. L'entrée en masse sur le marché mondial du travail de centaines de millions de travailleurs dépourvus de droits et de protections sociales va peser durablement sur les rapports de forces entre le capital et le travail. Quant à l'évolution des courants traditionnels de la gauche, elle semble difficilement réversible.

Au vu de cette situation désastreuse, nous prenons nos responsabilités. Nous sommes bien conscients des difficultés. Et d'abord celle de s'atteler à la construction d'un nouveau parti, si ce n'est à froid, du moins dans un contexte défensif et non pas d'essor impétueux des mouvements sociaux. Il y a certes des résistances et des luttes importantes, mais la plupart se concluent par des défaites. L'autre grande difficulté, c'est l'absence de partenaires significatifs à l'échelle nationale. Certains répondent à notre proposition par le silence ou se défaussent, de crainte qu'il s'agisse d'une simple opération de rénovation de la Ligue. Ceux-là ont la vue basse. Plutôt que de se réfugier dans la méfiance et dans la crainte, ils devraient au contraire se réjouir que la Ligue prenne cette initiative au lieu de se contenter de gérer frileusement son (petit) capital électoral. Et, plutôt que de bouder sous de mauvais prétextes, ils devraient engager sans tarder la discussion sur le fond : un nouveau parti, sur quel programme ? pour quoi faire ? avec quelles alliances en vue ? et quelles garanties de fonctionnement démocratique ?

Si, au bout du compte, la tentative ne devait aboutir qu'à un élargissement de la Ligue, ceux qui tergiversent et se dérobent sous de faux prétextes en porteraient la responsabilité. Nous aurons, quant à nous, essayé. Et si nous le faisons, c'est parce que nous venons d'un courant historique qui se pose depuis longtemps cette question, qui a dû porter longtemps, dans l'adversité, les lourds bagages de l'exil, et qui perçoit les possibilités de la conjoncture. Nous avons hérité d'une vision de l'histoire qui ne cède pas au culte postmoderne de la politique en miettes, d'un présent rétréci, sans passé ni lendemain, d'un faux réalisme, « ici et maintenant », sacrifiant la stratégie à la tactique, le but au mouvement, et qui finit par construire des châteaux de sable en Espagne au nom d'une « culture de la gagne ». Il serait sans doute plus simple de gérer prudemment un simple renforcement de Ligue, mais ce serait manquer aux obligations de la situation. Il est possible que nous ne parvenions pas à notre objectif, ou que nous ne l'atteignions que partiellement. Sauf en de rares circonstances, on ne multiplie pas les forces militantes comme les fameux pains bibliques. En nous attelant à la tâche, nous savons que le chemin sera long.

Si peu fiables et si discutables soient-ils, les sondages indiquent, fût-ce de manière surévaluée, une attente politique confuse. Nous visons au moins à réduire le grand écart entre le potentiel qu'exprime la popularité d'Olivier Besancenot et la faiblesse des forces organisées réellement existantes. Au vu de ce que peuvent faire quelques milliers de militants, on imagine ce que pourraient déjà le double ou le triple. Mais l'objectif d'un nouveau parti est qualitatif autant que quantitatif. Il s'agit de créer un parti populaire, enraciné dans les entreprises, les quartiers, les lieux d'étude, fidèle à la composition et à la diversité sociale et culturelle de ce pays (car c'est un problème majeur du champ politique en France : ses acteurs ne sont pas à l'image de la société). Il existe un danger que cet effort nécessaire de mutation sociologique se fasse au détriment de la réflexion, laquelle n'est pas indexée sur la même durée, sur les mêmes urgences, et nécessite d'autres outils. Sera-t-on capable de tout faire en même temps ? D'élargir les capacités d'intervention, et de se doter en même temps de lieux de réflexion, de formation, de supports, de publications, revues en ligne, d'une politique d'édition ? Il ne s'agit pas de faire une organisation où les intellectuels – appelons-les ainsi, même si la catégorie est assez inappropriée du fait de l'extension du travail intellectuel à bien des domaines de l'activité sociale – servent uniquement de pétitionnaires. Non, un travail spécifique doit être fait pour livrer bataille sur le champ idéologique et culturel. Il faut arriver à surmonter ce qui a constitué l'un des problèmes spécifiques du mouvement ouvrier, qui trouve son origine dans les expériences traumatisantes de Juin 1848 et de la Commune : une culture ouvriériste, entretenue par l'anarcho-syndicalisme, exploitée par le Parti communiste sous prétexte de « bolchevisation », avec, en contrepartie, sa méfiance envers des intellectuels toujours suspects d'être en puissance des traîtres à la classe. Ce que l'on pourrait appeler le syndrome Nizan…

Quels pourraient être les fondements programmatiques d'un tel parti, et s'agit-il d'un adieu au trotskisme historique ?
    Il ne s'agit pas de faire passer aux membres d'un futur parti un examen d'entrée, en récitant le *Manifeste communiste* de 1848 ou le *Programme de transition* de 1938, mais de se rassembler autour d'un accord sur la manière d'affronter les grands événements en cours. Nous ne demanderons pas à nos partenaires éventuels d'endosser une histoire qui n'est pas la leur, mais de répondre ensemble aux grands défis de la situation nationale et mondiale, ce qui ne saurait se réduire à des accords éphémères sur une profession de foi électorale, mais doit être vérifié dans l'action quotidienne. Certains ont l'impression d'innover en proposant de dépasser l'opposition artificielle entre réforme et révolution. Ils enfoncent, ce faisant, des portes depuis longtemps ouvertes (depuis au moins le débat des années 1920 dans l'Internationale communiste sur les revendications dites transitoires). Il n'y a

pas de contradiction entre les réformes et la révolution. Les réformes ne sont pas, en soi, « réformistes », indépendamment de leur dynamique et des rapports de force dans lesquels elles s'inscrivent. En revanche, il y a une opposition stratégique entre le réformisme cristallisé, celui qui conçoit le capitalisme comme l'horizon indépassable de notre temps et limite son ambition à l'amender ; et la volonté maintenue de « changer le monde » en opposant terme à terme une logique de solidarité, de service public, de bien commun, d'appropriation sociale, à la logique dominante du calcul égoïste, de l'intérêt privé, de la concurrence (et de la guerre) de tous contre tous. Avec ou sans les mots pour le dire, cela signifie en pratique que le parti que nous voulons serait en pratique anticapitaliste, c'est-à-dire à mes yeux communiste et révolutionnaire, sans que pour autant il ait résolu l'énigme stratégique des révolutions du XXIe siècle. Les définitions stratégiques se feront chemin faisant, au feu de l'expérience, à la manière dont les controverses stratégiques du mouvement ouvrier ont pris forme au fil des XIXe et XXe siècles à l'épreuve des révolutions de 1848, de la Commune de Paris, des guerres mondiales, des révolutions russe et chinoise, de la guerre civile espagnole, du Front populaire ou de la Libération.

Quant à notre héritage spécifique, celui d'une longue lutte contre le stalinisme et le despotisme bureaucratique, malgré l'énorme part de nouveauté qui caractérise la situation mondiale depuis une quinzaine d'années, il reste dans une large mesure fonctionnel. Nous assistons sans doute à la fin d'un cycle dans l'histoire des mouvements d'émancipation. Mais on ne repart pas de rien, on ne recommence pas de zéro. Le XXe siècle a eu lieu. Il serait imprudent d'en oublier les leçons. Sous réserve d'inventaire, à condition de ne pas le considérer comme un placement boursier, notre héritage politique et théorique vivant sera ce qu'en feront les héritiers. Il s'agit de partir de ce qu'il y a eu de meilleur pour aller de l'avant. C'est d'autant plus facile pour nous que nous n'avons jamais été dans une identification exclusive ou dans le culte d'un père fondateur. « Trotskistes », si l'on veut, mais notre souci de longue date consiste à transmettre,

dans sa diversité, l'histoire et la culture du mouvement
ouvrier, aussi bien Lénine et Trotski que Rosa Luxemburg,
Jaurès, Labriola, Gramsci, Nin, Mariategui, Guevara, Fanon,
Malcolm X, et bien d'autres, non seulement des révolutionnaires
mais des réformistes sérieux. Ces références ne sont pas équiva-
lentes, elles n'ont pas pesé du même poids dans les épreuves
historiques, mais elles constituent une culture commune. Sans
relativiser l'importance de ses propres acquis, la Ligue est donc
prédisposée par cette approche à leur dépassement ou à leur
trans-croissance.

   La question d'une recomposition politique s'est déjà posée,
notamment dans les années 1930 ou dans les années 1960.
Les forces nouvelles émergentes étaient même alors (sous
l'impact de la guerre d'Algérie, de la révolution cubaine, de
la guerre d'Indochine) plus importantes et plus vigoureuses
qu'aujourd'hui. Dans les années 1930, les fractures dans la
social-démocratie se sont traduites par la formation de partis
comme le POUM en Espagne, l'ILP en Grande-Bretagne, le
SAP en Allemagne ou en Hollande, par l'apparition de courants
comme le pivertisme en France. Dans les années 1960, l'impact
des luttes de libération nationale, les guerres d'Algérie et
d'Indochine, la révolution cubaine, ont suscité des ruptures de
gauche dans les partis communistes en Asie ou en Amérique
latine, et stimulé une radicalisation étudiante massive. Il y
eut les Blacks Panthers, les conférences de l'Olas, les échos
mythifiés de la révolution culturelle… Certains en conçurent
alors l'illusion d'une absolue nouveauté, comme si cette vague
effaçait les références et les clivages du passé. La suite a montré
qu'il n'en était rien. Dans la dialectique du nouveau et de
l'ancien, selon une formule de Deleuze qui m'est chère, on
recommence toujours par le milieu.

   À la différence d'autres courants qui s'en réclament, nous
n'avons jamais fait de la référence au trotskisme un fétiche. C'est
un terme réducteur, forgé par l'adversaire. Nous l'avons assumé
et l'assumons sans honte, avec fierté même, par défi. Mais s'il
s'avérait que nous avons trimballé, et trimballons encore, dans

notre héritage des bagages inutiles, des signes identitaires sans pertinence pratique, il faudrait y voir une manière de cultiver une singularité artificielle, donc sectaire, dont il faudrait se débarrasser au plus vite. Or, qu'il s'agisse de la question de la révolution permanente (opposée aux utopies du « socialisme dans un seul pays »), de la lutte contre le fascisme, du danger bureaucratique au sein du mouvement ouvrier, de la question des fronts populaires, de l'internationalisme, ou des principes démocratiques devant régir une organisation, les références fondatrices sont toujours actuelles. Notre histoire ne se réduit pas à celle d'une opposition de gauche au stalinisme, de sorte que la disparition de ce dernier suffirait à les rendre caduques. Ce qui a disparu, c'est l'Union soviétique et ses satellites. Pour ce qui est du danger de gangrène bureaucratique, c'est une autre affaire. Le problème, au fond, c'est que le stalinisme ou le maoïsme étatiques ne sont pas réductibles à « une déviation » théorique ou idéologique. Ce sont des variantes historiques d'un phénomène bureaucratique massif présent sous différentes formes dans les sociétés contemporaines.

Nous tournons une page, nous ouvrons un nouveau chapitre, mais nous n'effaçons pas les précédents, et nous n'avons pas changé de livre. Il s'agit de se dépasser en conservant ce qu'il y a eu de meilleur dans les différentes traditions des mouvements d'émancipation, communistes, libertaires, conseillistes. La Ligue n'est, dans cette perspective, ni une fin ni un obstacle, mais un point d'appui indispensable.

Tu as souligné les difficultés du projet. Comment les surmonter ?

Les modalités d'un « processus constituant », ses formes organisationnelles, dépendent de l'éventail des partenaires, selon qu'il s'agira d'individus ou de courants, nationaux ou locaux, etc. Ce qui en revanche dépend de nous, c'est l'état d'esprit et la manière d'aborder ce processus. Il est illusoire de croire que l'on est plus rassurant (ou séduisant) en jetant préventivement du lest, et que, moins on en dit, plus le projet est attractif. On constate au contraire, chez ceux qui s'interrogent sur le bilan

des expériences passées, anciennes ou récentes, et sur la façon
d'affronter une situation désastreuse, un grand besoin de
clarté, de connaissances, de réflexion. Un discours minimaliste
pourrait même devenir suspect de manœuvre, ou de manipulation paternaliste. Le meilleur levier dont nous disposions en
l'état actuel, c'est l'expérience et la détermination de quelques
milliers de militants, c'est un collectif, des convictions et un
savoir faire partagés. Nous pouvons et devons prendre le risque
d'engager cet acquis dans une initiative audacieuse. Mais il y
a une différence entre un risque et une aventure, entre un pari
raisonné et un va-tout. Nous voulons nous dépasser (pas nous
supprimer). Malgré ses mauvais plis, ses inerties (toute forme
organisée génère ses conservatismes immunitaires), la Ligue
n'est pour cela ni un boulet ni handicap, mais le meilleur levier
existant, de même que la candidature d'Olivier Besancenot
n'était pas un pis-aller ou une candidature par défaut, mais la
mieux à même d'ouvrir un nouvel espace politique.

S'il parvenait à rassembler des partenaires significatifs, un
nouveau parti impliquerait sans doute des compromis. Mais les
compromis ne sont pas préventifs. Ils ne sont pas un point de
départ ou un préalable, mais au contraire l'aboutissement de
discussions et de confrontations franches et loyales. Nous ne
demandons à personne à l'entrée de ce processus de renoncer
à son histoire ou de renier ses convictions. Personne, récipro-
quement, ne saurait exiger de nous un *strip-tease* programmatique préventif, et nous n'avons pas nous-mêmes à changer
d'habits et à nous travestir. Si nous avons fait ce que nous
avons fait jusqu'à présent, et si nous faisons aujourd'hui cette
proposition, c'est précisément parce que nous sommes ce que
nous sommes, et parce que nous venons d'où nous venons.

Pour peu que nous avancions sur la voie d'un nouveau parti,
les formes dépendront de ces avancées. Elles ne sont pas fixées
d'avance. Diverses hypothèses sont ouvertes : un parti pluraliste
avec droit de tendance, un front d'organisations ou de courants
comme le Bloc de Gauche au Portugal, etc. Il est inutile de
préjuger des résultats d'un processus qui n'est même pas engagé,

et de spéculer sur les solutions à un problème dont les termes ne sont pas encore posés. En revanche, nous avons assez d'expérience pour savoir que, dans un compromis, on peut céder de la clarté programmatique en échange d'un gain en surface sociale, en capacité d'action et d'expérimentation communes. Mais édulcorer le contenu d'un programme sans gagner en capacité d'action, confondre le pluralisme avec l'éclectisme, a souvent abouti à des organisations non pas plus larges et plus fortes, mais plus étroites et plus confuses. Cela s'est hélas maintes fois vérifié depuis 1968.

Si ce nouveau parti ou cette nouvelle Ligue n'est pas le résultat d'un accord avec des partis déjà existants, ce sera alors un travail que vous mènerez seuls, pariant sur l'émergence d'une nouvelle base étendue à des parts de la société qui ne seraient pas encore politisées, ou trop peu.

Daniel Bensaïd : Non, pas tout à fait. L'accord avec des partis nationaux n'est pas un préalable pour engager un processus. Il faut à la fois proposer un projet aux organisations nationales et discuter avec des groupes locaux du Parti communiste, avec Alternative libertaire, avec la minorité de LO, etc., sans subordonner ces initiatives « par en bas » à l'aboutissement d'accords nationaux. Certains nous imputent la responsabilité de l'échec d'une candidature unitaire en 2007. À nous de les convaincre que les conditions que nous avions posées alors, en particulier la clarification exigée en vain sur l'impossibilité d'alliance gouvernementale ou parlementaire avec le Parti socialiste, étaient pleinement justifiées. Ce n'est pas que nous voulions diaboliser le PS, mais ses orientations sont simplement incompatibles avec notre projet, ce qui n'exclut pas l'unité d'action – que nous ne cessons d'ailleurs de lui proposer – sur telle ou telle question concrète (les sans-papiers, les licenciements, la réforme universitaire…). Sur le fond, le PS est d'accord avec la réforme des retraites, avec la réforme des universités, avec le mini-traité européen. Il ne s'y oppose – quand il le fait ! – que sur la forme, et pour la forme.

On nous objecte souvent que le refus de s'allier électoralement avec lui bloquerait toute possibilité d'alternance. Soyons clairs. Ce qui est impossible, c'est une alliance de majorité parlementaire ou gouvernementale. Il nous est en revanche souvent arrivé, et encore au second tour de l'élection présidentielle, de voter pour ses candidats. Non en accord avec leur programme, mais malgré leur programme, simplement pour éliminer la droite. Un dicton populaire dit que, pour dîner avec le diable, il faut une longue cuillère. Même si le Parti socialiste est plutôt un diablotin (ou un diable en papier, aurait dit le président Mao) qu'un diable, la nôtre est encore trop petite. Il faut donc commencer par modifier les rapports de force, non seulement face à la droite, mais aussi au sein de la Gauche. Les raisons pour lesquelles le PS est aujourd'hui ce qu'il est sont profondes. Dans sa campagne présidentielle de 2002, Jospin a fait du Giscard de gauche en escamotant la lutte des classes et en faisant des classes moyennes – la France des deux tiers ! – sa cible électorale privilégiée. Résultat : une perte de son électorat populaire, et Le Pen au second tour. Pour reconquérir cet électorat populaire, il faudrait une politique complètement différente sur les questions d'emploi, de pouvoir d'achat, des services publics. Toutes choses qui ne peuvent se concevoir sans rompre avec les contraintes de la construction européenne libérale acceptées jusqu'à maintenant. Or, au fil des législatures et des privatisations qu'ils ont eux-mêmes orchestrées, les appareils dirigeants socialistes ont noué des liens étroits avec les milieux industriels et financiers privés. Si Strauss-Kahn prend aussi naturellement la tête du FMI, c'est qu'il était déjà, avec le PDG de Peugeot, un des fondateurs du Cercle de l'industrie. Il y a une fusion organique de la noblesse de robe socialiste et de l'aristocratie financière. Leur degré d'« intégration » est tel qu'on voit mal d'où pourraient surgir les énergies et les ressources, non pas d'une politique révolutionnaire, mais ne serait-ce que réformiste au sens classique de terme, ou « keynésienne », pour jargonner un peu.

La droitisation de la gauche de gouvernement, tu viens de dire ce qu'elle était, elle est inévitable. Elle a commencé depuis longtemps. Et il n'y a pas lieu d'imaginer qu'elle puisse connaître un arrêt. C'est ce qu'on intitulera, dans ce numéro, la part de « décomposition », non pas de la politique dans son ensemble, mais de la politique de gauche. Ce dont nous parlons ensemble, c'est de l'éventualité de cette autre part, une part de « recomposition » de la gauche et, donc, de la politique. On sent bien que la droitisation de la gauche gouvernementale ne fait pas l'unanimité. Qu'il y a une poussée sociale, idéologique et politique en faveur d'une forme de « gauche de la gauche ». Le succès de la figure de proue de la Ligue, son porte-parole, Olivier Besancenot, compte pour beaucoup là-dedans. Mais aussi, certainement, le retrait d'Arlette Laguiller. Besancenot séduit. Ce qui induit un rapport de force nouveau entre la gauche de gouvernement et la gauche critique ou radicale. Quelque chose peut donc se produire aussi par le sommet, et non pas seulement par la base.

Les sondages témoignent en effet d'une sympathie croissante pour Olivier Besancenot. Il apparaît comme l'opposant au sarkozysme le plus déterminé à gauche, et comme une des personnalités de gauche les plus populaires, au point de rivaliser avec les principaux dirigeants socialistes. Mais il ne faut pas se laisser prendre à ces mirages, et confondre la popularité dans l'opinion (loin des échéances électorales) avec la réalité des rapports de forces. Entre 2002 et 2007, l'électorat de Besancenot a évolué. Les études publiées après 2002 dessinent un électorat, disons, « alter mondialiste et couches moyennes ». En 2007, c'est un électorat beaucoup plus populaire au sens large, disons « ouvrier-employé », et surtout jeune (plus de 50 % a moins de 35 ans, ce qui est très différent de LO ou du PC). Pouvoir compter sur un tel porte-parole est très important. Mais l'écart reste énorme entre l'écho de son discours et les capacités de mobilisation, même si sa popularité se vérifie de plus en plus dans les luttes sociales. La figure militante d'Olivier contribue à faire bouger les choses par en haut, comme vous le dites, mais la condition déterminante de notre projet reste l'appropriation de la politique par « ceux d'en-bas ». Il faut apprendre à utiliser les jeux d'image sans en devenir dépendants, sans céder à la cooptation médiatique, et sans se prendre à l'illusion selon laquelle la « *second life* » télévisuelle remplacerait la vie – autrement dit – la lutte réelle.

Pourquoi un parti, qui semble une forme datée, et non pas quelque chose de plus souple, de moins centralisé, de plus en rapport avec les formes souples contemporaines de réseaux?

Parti, mouvement, ligue, alliance... Peu importe le mot. Ce qui importe en revanche c'est l'efficacité pour l'action et les principes de vie démocratique. Nous voulons une organisation de militants, et non de simples adhérents, qu'on ne voit que les jours de congrès. Ce n'est pas par nostalgie d'un mythe bolchevique, mais bien d'abord et avant tout par souci démocratique. Dans sa campagne, Ségolène Royal a beaucoup parlé de démocratie participative, mais un parti d'adhérents à 20 euros – qui adhèrent non pour militer, mais pour voter, en se contentant de cliquer sur internet –, c'est une forme de démocratie passive, au mieux consultative, au pire plébiscitaire. Nous voulons au contraire une organisation qui résiste, en créant son propre espace démocratique, aussi bien aux logiques du pouvoir économique qu'aux logiques du pouvoir médiatique. Il y a démocratie active quand la délibération la plus libre aboutit à des décisions collectives qui engagent chacun et permettent de tester ensemble, à l'épreuve de la pratique, les choix opérés. Une délibération qui n'engage à rien est un simple échange d'opinion. Il n'y a pas besoin de partis pour cela. Une amicale ou un comptoir de bistro suffisent. Le dénigrement de la forme parti participe de la dégradation plébiscitaire de la vie politique, de sa personnalisation croissante, de son évolution vers un rapport fusionnel entre l'individu charismatique médiatisé et la masse inorganique, au mépris de toute médiation politique, partisane ou autre. Or, la politique est précisément un art des médiations. La montée en puissance spectaculaire du « je » au détriment du « nous » lors de la dernière campagne présidentielle est symptomatique de cette tendance préoccupante.

Il n'y a pas d'organisation sans un minimum de règles communes, et il n'y a pas de droit sans un certain formalisme juridique. Non seulement les partis, mais les syndicats, les associations, ont des statuts qui sont en quelque sorte la charte constitutionnelle sur laquelle repose l'adhésion volontaire de leurs membres. Certes, le centralisme démocratique, désormais identifié au centralisme bureaucratique, a fort mauvaise presse. Mais la démocratie et un certain degré de centralisation ne sont pas antinomiques. Au contraire, ils sont la condition l'une de l'autre. La démocratie n'est jamais parfaite, mais toutes les formules prétendant à plus de souplesse informelle s'avèrent moins démocratiques et aboutissent en fait à dessaisir le collectif militant de sa propre parole (et du contrôle de ses porte-parole). La démocratie d'opinion, autrement dit la démocratie de marché, isomorphe à l'économie de marché, propice à toutes les démagogies, on en a hélas souvent fait l'expérience, de sorte que notre préoccupation peut aujourd'hui être entendue à condition de s'expliquer clairement. Parler d'un parti de militants, et non de simples adhérents-votants, n'implique ni rythme d'activité effrénée, ni hypercentralisme, ni discipline de fer. Chacun peut contribuer à l'activité commune selon ses capacités, ses contraintes, son temps disponible, l'important étant que les décisions auxquelles il prend part l'engagent personnellement et pratiquement. La communication transversale que permettent aujourd'hui les technologies téléphoniques ou internet permettent de briser le monopole de l'information qui fut l'un des fondements des pouvoirs bureaucratiques.

Les difficultés et les obstacles sont nombreux. Nous devons le savoir. Mais ce n'est pas une raison pour ne pas essayer. On nous reprocherait, et nous nous reprocherions les premiers, de ne pas l'avoir fait, quand il en était temps.

Le néolibéralisme et sa pensée critique
Emmanuel Renault

Défaite et désorientation, telles semblent bien être les qualifications qui rendent compte de l'état d'esprit général aujourd'hui à gauche de la gauche. La campagne électorale était déjà bien suffisante pour produire un tel état d'esprit, mais sont venus ensuite s'ajouter les résultats de l'élection elle-même, puis tout ce qui s'en est suivi et qui semble en permanence nous inquiéter davantage (alors qu'on croyait avoir prévu le pire). On peut s'attendre, dans un tel contexte, à toutes sortes de diabolisations de la pensée critique ; s'attendre aussi à ce que ceux qui tentent de résister se trouvent doublement désorientés : d'une part, par la solitude d'une pensée critique désormais privée de ses garants pratiques (les mouvements sociaux de la période précédente) ; d'autre part, par le fait qu'en changeant d'époque, nous pourrions également être contraints de changer de repères.

Il est certes hasardeux de découper des époques. En quel sens la politique gouvernementale actuelle signerait-elle donc un changement d'époque ? Non pas tant au sens où, comme elle le prétend, elle voudrait rompre avec une période ouverte avec mai 1968, mais plutôt au sens où elle clôt la lutte politique contre le néolibéralisme qui a si profondément marquée les dix dernières années en France : elle veut écraser les dernières résistances (à la réforme des retraites, à l'autonomie des universités) en même temps qu'elle proclame fièrement l'entrée dans l'ère du néolibéralisme pur, celle de la marchandisation et de la financiarisation sans limite. Refaire Thatcher avec vingt-cinq ans de retard pour rattraper vingt-cinq ans de retard. Cet objectif fixait déjà le sens consensuel des louanges adressées par les deux candidats du second tour à Blair – consensus expliquant pourquoi, dans les grands médias contrôlés par l'UMP et le

PS, aucune voix opposée aux réformes néolibérales n'est plus aujourd'hui autorisée à s'exprimer.

Or, ce cycle de luttes contre le néolibéralisme, entre novembre-décembre 1995 et le printemps 2005 (référendum sur le traité constitutionnel) avait permis à la pensée critique de se réarmer et de se développer en France. Tout laisse à penser que les voies qu'elle a empruntées pendant cette décennie ne seront pas véritablement en mesure de faire face à ce qui nous arrive, mais il est néanmoins utile de décrire quelques-uns des effets de ce cycle politique sur les sciences sociales et la philosophie, afin, notamment, de se donner quelques repères dans la configuration actuelle. Description qui donnera également le moyen de poser une question des plus générales : le cadre philosophique d'une politique d'émancipation est-il à chercher dans un platonisme (dans une fidélité à l'idée du communisme par exemple [1]), ou dans un pragmatisme (dans la productivité réflexive de l'agir collectif situé [2]) ?

1995-2005

Par rapport aux dix années qui précédaient, la décennie 1995-2005 s'est caractérisée par une dynamique de repolitisation et de radicalisation. À partir de 1995, on eut l'agréable surprise d'assister à une recrudescence des mouvements sociaux et à une augmentation spectaculaire du vote pour l'extrême gauche, les deux partis trotskistes LO et LCR atteignant environ 10 % des voix, alors que, par ailleurs, le mouvement altermondialiste, par l'intermédiaire d'ATTAC, se développait et semblait contribuer à une défaite idéologique du néolibéralisme, dont le rejet du traité constitutionnel européen semblait l'aboutissement.

---

1. Comme l'affirme A. Badiou dans les remarques très suggestives qu'il consacre à la désorientation politique actuelle dans *De quoi Sarkozy est-il le nom ?*, Paris, Nouvelles Éditions Lignes, 2007.

2. Comme le suggère par exemple R. Jaeggi dans « Qu'est-ce que la critique de l'idéologie ? », *Actuel Marx*, n° 43, 2008 : « Critiques de l'idéologie » ; ce qui conduit notamment à l'idée qu'il y a toujours des raisons de penser avec Marx que le communisme ne peut définir une idée, mais seulement « *le mouvement effectif qui abolit l'état de chose existant* ».

Les sciences sociales accompagnaient le mouvement. À partir de *La Misère du monde*, Bourdieu a pris explicitement le parti des mouvements sociaux, entraînant un certain nombre de ses élèves avec lui. Et nombreux furent les sociologues qui, sans appartenir à la gauche de la gauche, voulurent adopter un positionnement indissociablement théorique et critique sur l'exclusion (cf. *Les Métamorphoses de la question sociale* de Castel), la précarité (cf. *Le salarié de la précarité* de Paugam), ou l'entreprise néolibérale (cf. *Le Nouvel esprit du capitalisme* de Chiapello et Boltanski). D'une manière ou d'une autre, ces différents auteurs, et bien d'autres encore, considéraient que la sociologie devait contribuer à la relance de la critique sociale.

La philosophie restait certes relativement à l'écart de ce mouvement, mais elle s'en trouvait néanmoins affectée. Tout d'abord sous la forme de la critique du libéralisme : que ce soit sous la forme d'un regain d'intérêt pour Schmitt (cf. J.-F. Kervegan, E. Balibar) ou sous la forme d'une critique républicaine inspirée de l'humanisme civique exhumé par Skinner et Pocock (cf. M. Abensour, Ch. Lazzeri). De cette double façon de critiquer la manière dont le libéralisme contribuait à dépolitiser la politique, rapprochons le fait que Balibar et Rancière se soient imposés durant cette période comme deux théoriciens importants de la démocratie radicale, le premier en critiquant les limitations nationales et raciales de nos conceptions de la démocratie, le second en rappelant l'exigence d'égalité dont la démocratie est porteuse. D'une certaine manière, ces formes de repolitisations philosophiques en restaient à une critique politique (une critique de la dépolitisation) sans véritablement affronter la question sociale qui constituait pourtant le cœur de la repolitisation contemporaine et le défi que la sociologie tentait de relever. Mais ce défi a parfois été relevé. De façon spectaculaire chez Negri et ses amis, dans le cadre d'une philosophie politique et sociale de l'altermondialisme qui constitue sans doute la production systématique la plus significative de cette période. De façon plus discrète dans des revues comme *Contretemps* et *Actuel Marx*, qui ont tenté de promouvoir un marxisme critique en phase avec les différentes composantes de la repolitisation dans les sciences sociales et la philosophie politique, et avec les questions portées par le mouvement altermondialiste et la critique écologique. Évoquons enfin la manière dont Honneth a été perçu dans un premier temps en France : comme une réponse à l'oubli de la question sociale chez Habermas et le moyen de contribuer à une relance de la théorie critique adoptant le point de vue des mouvements sociaux [1].

À la convergence de la critique politique et de la critique sociale, on peut également mentionner la manière dont une nouvelle génération du féminisme radical, inspirée par Judith Butler aussi bien que par les approches intersectionnelles, s'est opposée au féminisme institutionnalisé et républicain de leurs aînées (accusées de limiter leurs revendications à la lutte contre le sexisme, l'égalité de salaire et la parité politique), pour relancer la question de la domination sociale (des rapports sociaux de sexe comme rapport de domination [2]). À l'intersection de la critique politique et de la critique sociale, rappelons enfin le foucaldisme deleuzien de la revue *Vacarme*, proche d'*Act Up*, qui tentait de faire prendre conscience, aux courants classiques de la gauche, de toute l'importance de la défense des minorités (minorités sexuelles, mais aussi détenus, prostituées, sans-papiers), et qui poursuivait le programme d'une refondation de la gauche à partir du modèle des minorités [3].

Le gouvernement UMP, avec l'appui silencieux du PS, s'emploie donc aujourd'hui à rattraper le retard, et le cycle politique 1995-2005 se conclut dans une série de paradoxes. Alors que la gauche de la gauche s'efforçait de contribuer à

---

1. Voir par exemple F. Fischbach, *Fichte, Hegel. La reconnaissance*, Paris, PUF, 1999.
2. M. Bessin, E. Dorlin, « Féminisme : théories, mouvements, conflits », *L'Homme et la société*, n° 158, 2006.
3. On peut également mentionner la manière dont la revue M. *Marx marxisme mouvement*, s'est transformé en *Mouvements*, en se constituant en forum proche des Verts et du pôle non social-libéral de la gauche plurielle, en réunissant différentes traditions de la sociologie de gauche.

une repolitisation, l'augmentation importante du taux de participation aux dernières élections s'explique notamment par le sentiment qu'avec Sarkozy, la politique pourrait à nouveau faire changer les choses. Alors que la gauche de la gauche de la gauche s'efforçait par ailleurs de placer de nouveau la question sociale au cœur des confrontations politiques, Sarkozy est parvenu à se présenter contre le candidat de la lutte contre la paupérisation. Alors que la vague de politisation antilibérale qui conduisit au rejet du Traité constitutionnel européen et du CPE semblait placer la France à l'extrême gauche du spectre politique européen, les réactions à la révolte des banlieues, puis l'élection présidentielle la plaçaient à l'extrême droite de ce spectre. Alors qu'on pouvait espérer qu'une défaite plonge le PS dans une crise d'où sortirait une scission susceptible de renforcer le pôle de la gauche antilibérale, la scission a bien eu lieu, mais sous forme de ralliements massifs à l'UMP.

Ces paradoxes sont certes l'occasion de clarifications politiques. Pendant la campagne, la candidate du PS a exprimé son accord sur des points comme l'autonomie des universités et la réforme des retraites ; et elle a fait du « blairisme » un modèle, tout en préconisant par ailleurs des mesures particulièrement répressives pour le traitement de la délinquance (comme les centres fermés à encadrement militaire). La campagne de Royal fut le point d'aboutissement des contradictions du PS depuis vingt ans : participer à l'institutionnalisation douce du néolibéralisme dès qu'il est au pouvoir, tout en prétendant le critiquer fortement, pour se distinguer de la droite, dès qu'elle se retrouve dans l'opposition. Royal a signifié qu'il fallait maintenant jouer cartes sur table et ne plus avoir peur de reprendre à son compte les propositions des droites néolibérales et néoconservatrices.

Mais de ces clarifications, la gauche de la gauche peut difficilement tirer parti. Son effondrement électoral signe l'échec de la stratégie de résistance au démantèlement néolibéral de l'État providence, au moment même où elle est confrontée à une incapacité à se coaliser, d'une part, et, d'autre part, à une répression des mouvements sociaux (comme celle, aussi dure qu'invisibilisée, du mouvement lycéens et étudiants) qui risquent de développer un découragement généralisé.

On remarquera également qu'alors que les différentes composantes intellectuelles de la gauche de la gauche se retrouvaient dans leur soutien aux mouvements sociaux, elles s'y opposent maintenant de différentes manières. Negri et la revue *Multitude*, de même que la revue *Vacarme*, ont soutenu le traité constitutionnel européen (la campagne du référendum ayant constitué le véritable moment politique et démocratique des dernières années, mais aussi le moment d'un déchirement dont les élections présidentielles tirèrent des conséquences grotesques). Par ailleurs, alors que toute une partie de la gauche de la gauche se définit aujourd'hui encore comme antilibérale, et que la philosophie politique avait commencé par accompagner la repolitisation au moyen d'une critique du libéralisme, l'un des directeurs de la revue *Vacarme*, Pierre Zaoui, publie un livre où il dénonce la confusion de la critique du néolibéralisme et de celle du libéralisme, en soulignant la nécessité de puiser dans la tradition libérale [1]. Cette opinion, qui n'est pas isolée, s'exprime aussi bien dans les sciences sociales et la philosophie que chez certains militants de la gauche de la gauche.

Dans une période de reflux politique, on peut attendre que les intellectuels reprennent leurs positions traditionnelles de maîtres de vérité et de juges des langages politiques ordinaires. D'où, par opposition, une première orientation possible pour la pensée critique : d'une part, résister à toutes les tentations de repli dans des tours d'ivoire, qu'elles soient celles de l'académisme (le recentrage sur les enjeux internes à un champ disciplinaire) ou celles de la pureté politique (qui préfère par exemple attendre la relance d'un nouveau cycle de luttes émancipatrices) ; d'autre part, s'engager dans la lutte idéologique en partant du constat qu'il n'y a plus aucune évidence dans le clivage droite-gauche, plus aucune conscience polarisée de ce que sont leurs intérêts chez les dominés [2] et que c'est à partir de leurs préoccupations

---

1. P. Zaoui, *Le libéralisme est-il une sauvagerie?*, Paris, Bayard, 2007.
2. Les oscillations sur le spectre politique européen et la déconnection totale des

et seulement à partir d'elles qu'une nouvelle politique d'émancipation pourra se construire.

Une nouvelle critique sociale ?

Mais la situation actuelle n'est pas marquée seulement par
l'échec d'une dynamique de repolitisation des sciences sociales
et de la philosophie. Elle se caractérise également par des
entreprises destinées à lui donner une autre forme. Il semble
que Rosanvallon, ex-secrétaire de la Fondation Saint-Simon
et successeur de Bourdieu au Collège de France, d'une part,
et la revue *Esprit*, d'autre part, y figurent comme deux acteurs
principaux.

Le parcours de Rosanvallon est symptomatique d'une
nouvelle configuration. Durant les années 1980 et 1990, il faisait
office de secrétaire de la Fondation Saint-Simon, sorte de *Think
Tank* à la française dont l'objectif était d'aider les dirigeants de
gauche à se débarrasser d'un discours politique marqué par
le modèle d'une rupture révolutionnaire. Sous l'inspiration
de Furet, il s'agissait de montrer que l'ère des révolutions est
terminée, que les progrès de la démocratie sont solidaires de
l'économie de marché, et que l'acceptation du libéralisme
politique et économique doit conduire à un dépassement de
l'affrontement droite/gauche. À la fin des années 1990, la
Fondation Saint-Simon s'est dissoute, considérant sans doute
qu'elle avait atteint ses objectifs. Mais l'enclenchement du cycle
1995-2005 obligea ses anciens membres à ajuster leurs analyses.
Certains, comme Raynaud, soutiennent aujourd'hui que Furet
avait sous-estimé les tensions propres aux sociétés libérales, mais
qu'il faut conserver le projet d'un dépassement de l'affrontement droite/gauche : à le suivre, la seule véritable contes-

---

logiques politiques dans les discours pétainistes de gauche de la candidate, et
néoconservateur social du candidat en témoignent. D'une certaine manière, nous
sortons ainsi de la culture politique qui s'était mise en place à partir de la Révolution
française et de la formation de la classe ouvrière, telle que cette dernière a été
analysée dans E. P. Thomson, *La formation de la classe ouvrière anglaise*, Gallimard/
Seuil, 1988. Mais ce qui est vrai en France et en Europe l'est moins en Amérique
latine par exemple.

tation de gauche serait celle de l'extrême gauche, et elle serait politiquement et théoriquement intenable [1]. Pour Rosanvallon, au contraire, il faut abandonner le projet du dépassement du clivage droite/gauche et élaborer une nouvelle critique sociale positionnée à gauche. Le glissement généralisé des partis de gouvernement à droite permet qu'une telle reformulation s'effectue sans modifications politiques majeures. Le principal changement est en définitive le passage de la lutte idéologique à la lutte pour l'hégémonie – d'où la mobilisation d'institutions et des organes de presse puissants, d'où l'organisation de colloques médiatiques, d'où la création d'une collection et d'une revue [2]. Ainsi, dans le colloque intitulé « La nouvelle critique sociale », il s'agissait de manifester publiquement la constitution de la seule critique sociale de gauche possible avec le soutien de : *Le Monde*, *France-Culture*, *La République des idées*, *Alter-Eco* et *Les Inrockuptibles* [3].

Selon Rosanvallon, la société française serait prise dans un mouvement de démocratisation constant, mais ce mouvement serait aujourd'hui entravé par une incapacité à lire les nouvelles formes d'inégalité, incapacité empêchant les dynamiques démocratiques de conduire à de nouveaux compromis collectifs [4]. Cette analyse est directement dirigée contre la gauche radicale et le mouvement altermondialiste : le problème n'est ni dans l'explosion des inégalités, ni dans la mondialisation néolibérale, mais dans une incapacité de nos élites à comprendre la nature

---

1. Ph. Raynaud, *L'Extrême gauche plurielle. Entre démocratie radicale et révolution*, Paris, Autrement, 2006.
2. Voir http://www.repid.com/ et http://www.laviedesidees.fr/
3. Colloque accompagné de la parution d'un ouvrage collectif du même nom : La République des idées (collectif), *La Nouvelle critique sociale*, Paris, Gallimard/Seuil, 2005.
4. *Ibid*, p. 8 : « *Le malaise français, on ne le dira jamais assez, est en effet d'ordre intellectuel. C'est dans les têtes que se situent les blocages, les aveuglements, les peurs* [...]. Et c'est l'écart entre la réalité vécue et la *réalité pensée qui constitue le verrou majeur* ». Voir également le dernier Rosanvallon, *La Contre-démocratie : la politique à l'âge de la défiance*, Paris, Seuil, 2006, où est développée l'idée d'une ingouvernementalité tendancielle des sociétés qui ont trop appris à se penser en termes d'opposition aux pouvoirs, de critique de l'État, etc.

des nouvelles formes d'inégalités et à préparer de nouveaux compromis collectifs. Le colloque « La nouvelle critique sociale » réunissait des auteurs de la République des Idées, comme Askenazy, qui reprend cet argumentaire dans son ouvrage sur *Les désordres du travail*, et Hirsch, ancien président d'Emmaüs et actuel membre du gouvernement. Il offrait également sa tribune à des membres de la revue *Esprit*, comme Erhenberg et Théry, les deux groupes étant perméables, comme on le voit avec Dubet, membre d'*Esprit* et publiant à la République des idées.

Alors que Rosanvallon mobilise le schème des ressources et des blocages de la démocratisation, la contribution d'*Esprit* renvoie plutôt au schème des ambivalences de la modernisation néolibérale [1]. Dubet souligne que nos sociétés n'ont jamais été aussi riches, et que le problème vient du fait que le désir d'égalité croit plus vite que l'égalité elle-même [2]. Théry souligne que la dissolution de la domination patriarcale propre à l'ordre familial dans la liberté négociée du couple se solde par des incertitudes identitaires et de nouvelles insécurités. Ehrenberg affirme que la diffusion de la norme d'autonomie se solde par une certaine fatigue d'être soi. De ce schème des ambivalences de la modernisation, on pourrait rapprocher des thèses défendues par des auteurs comme Boltanski et Chiapello. Dans *Le Nouvel esprit du capitalisme*, le capitalisme néolibéral est interprété comme une réponse à la critique de l'aliénation de l'ouvrier taylorien. L'ouvrier flexible verrait son autonomie et sa créativité reconnues, il serait affranchi de l'emprisonnement par une qualification univoque et il aurait l'occasion d'accomplir son existence d'être social en s'engageant dans des collaborations au

---

1. Thèse s'inscrivant dans une sorte de tradition tocquevillienne selon laquelle la démocratie comme forme sociale comporte des tensions inévitables. On trouve une illustration du nouvel intérêt conféré à Tocqueville chez un penseur aussi progressiste que M. Gauchet (*La Démocratie contre elle-même*, Paris, Gallimard, 2002). Tous ceux qui sont intéressés par son activité d'intellectuel organique pourront consulter http://gauchet.blogspot.com/ Contre tout cela, *La Haine de la démocratie* de J. Rancière constitue un excellent antidote.
2. F. Dubet, *Injustices. L'expérience des inégalités au travail*, Paris, Seuil, 2006, p. 12.

sein d'équipes réunies autour d'un projet. Flexibilités interne et externe comme promesses de choix et de polyvalence, d'un travail non plus partiel mais enfin complet. Mais ce progrès serait ambivalent et il devrait donc être associé à un statut permettant de protéger le salarié flexible contre la précarité. Chez tous ces auteurs, les défauts sociaux actuels sont solidaires de progrès qui ne doivent pas être remis en cause, de sorte que la critique sociale ne peut procéder qu'à des ajustements.

Dans le modèle des blocages de la démocratisation comme dans celui des ambivalences de la modernisation, on récuse que les défauts sociaux actuels permettent une mise en cause globale du monde actuel : ce n'est pas la mondialisation néolibérale qui est en cause mais notre incapacité à comprendre les nouvelles inégalités (Rosanvallon) ; le néolibéralisme est porté par l'esprit d'une désaliénation et des promesses de liberté qu'il faut tenter de rendre réalisables (Boltanski) [1]. Il est frappant que, dans ce débat, les problèmes à résoudre se réduisent à des injustices (de nouvelles inégalités qui n'ont pas encore trouvé leurs règles de justice, ou leurs compromis collectifs) et à des risques et des fragilités (précarité ou désintégration sociale qui appellent l'invention de nouvelles protections ou de nouvelles croyances collectives). Dans les deux cas, c'est la question de la domination qui disparaît, ainsi que celle des structures économiques productrices des nouvelles formes d'injustices et de désaffiliation. Disparitions qui esquissent donc, semble-t-il, une deuxième orientation pour la pensée critique aujourd'hui : cesser de passer ces deux questions sous silence, lutter contre les obstacles politiques et intellectuels qui conduisent soit au déni de réalité, soit à l'euphémisation dans les discours abstraits sur les injustices et les fragilités.

Cette orientation est elle-même abstraite, et pour la rendre plus concrète, précisons donc le sens et les enjeux de notions

---

1. S. Haber remarque qu'à travers la thématique de la « *réponse à la critique artiste* », ces auteurs rabattent les principes de la critique de l'aliénation ouvrière à ceux d'une bohème artiste, ce qui constitue la « *trivialisation finale de la problématique de l'aliénation* » (S. Haber, *L'Aliénation. Vie sociale et expérience de la dépossession*, Paris, PUF, 2007).

comme néolibéralisme et domination. Domination, tout d'abord, pour souligner qu'il y a *des* dominations, et qu'un enjeu politique fondamental est bien de penser aujourd'hui l'émancipation à partir d'une analyse de l'irréductibilité des dominations de classe, de genre et de « race », et d'une prise en compte de la diversité de leurs formes et de leurs imbrications. Néolibéralisme, ensuite, pour souligner que le capitalisme n'existe jamais sous sa forme pure (le monde n'est pas composé d'essences immuables et le devenir n'est pas une simple apparence) et qu'on ne peut jamais lutter contre le capitalisme en général, mais toujours seulement contre l'une de ses formes historiques déterminées : le néolibéralisme n'est pas le déchaî-nement du capitalisme pur, mais un mode déterminé d'institu-tionnalisation du capitalisme qui appelle des formes de critiques sociales et des stratégies adaptées (celles de l'altermondialisme[1], puisque tel est le nom de la position politique qui s'élabore aujourd'hui à partir des différentes conjonctures et contextes institutionnels du néolibéralisme).

Dominations

Il suffit d'énumérer les questions politiques majeures qui ont marqué la fin du cycle précédent pour s'apercevoir que nombre d'entre elles sont liées au problème de la domination. Le mouvement contre le CPE, tout d'abord, qui n'était pas simplement une lutte contre des conditions d'emploi discrimi-natoires mais, tout aussi, clairement contre l'aggravation de la domination capitaliste impliquée par la conjonction de la précari-sation et de l'affaiblissement du droit du travail [2]. Les débats relatifs au foulard islamique, ensuite, qui ne peuvent manifestement être thématisés qu'en termes d'intersection de domination de

---

1. Ce qui impose également de chercher à peser sur l'évolution de l'altermondialisme en l'orientant sur une voie anticapitaliste plutôt que social-démocrate keynésienne, et ce qui suppose d'élaborer des outils analytiques adaptés à ce type d'intervention critique, en donnant par exemple au marxisme la forme d'un altermarxisme ; voir à ce propos J. Bidet, G. Duménil, *Altermarxisme*, Paris, PUF, 2007.
2. Voir M. Husson (dir.), *Travail flexible, salariés jetables*, Paris, La découverte, 2006.

genre et de « race [1] ». La révolte de l'hiver 2005, enfin, qui relève clairement d'une problématique d'intersection des dominations de classe et de « race »[2]. Et il est singulier qu'au moment même où la question de la domination devient si brûlante, elle se trouve pour ainsi dire expurgée des sciences sociales.

L'évolution de la sociologie française contemporaine est en effet profondément marquée par la critique de Bourdieu. De différentes parts, on développe une critique de la sociologie critique qui consiste à récuser la pertinence du modèle de la domination. Une première objection renvoie à l'opposition de l'injustice et de la domination. Boltanski et Thévenot ont commencé par opposer en ce sens sociologie critique et sociologie de la critique, cette dernière se donnant pour tâche non pas d'identifier de l'extérieur des dominations non perçues comme telles par les acteurs, mais d'expliciter les normes de justices socialement instituées auxquelles les individus se réfèrent eux-mêmes pour formuler et régler les conflits qui les opposent. Démarche intéressante qui ne semble cependant pas pouvoir à elle seule invalider la critique de la domination. En effet, l'un des problèmes politiques soulevés par le concept de domination est que les rapports de subordination entre groupes sociaux sont susceptibles d'enfermer les individus dans des positions où c'est l'accès même à la revendication qui est rendue problématique. C'est précisément ce genre de situation, désignée par le concept de « subalternité » chez Spivak [3], qui sont caractéristiques des trois exemples de domination qui viennent d'être mentionnés : enfermement des salariés dans l'obéissance sous peine de perte d'emploi ; enfermement des jeunes femmes immigrées dans la domination masculine traditionnelle par loyauté envers leurs frères stigmatisés ; déni de toute dimension politique, au nom d'on ne sait quelles caractéristiques religieuses ou ethniques, d'une révolte conduite majoritairement par des jeunes garçons immigrés.

---

1. Voir *Nouvelles questions féministes*, vol. 25, n° 1 et 2, 2006.
2. Voir *Lignes*, n° 21, 2006 : « Ruptures sociales, ruptures raciales ».
3. G. C. Spivak « Les subalternes peuvent-ils parler ? », in M. Diouf, *L'Historiographie indienne en débat*, Karthala, 1999

Une seconde critique de la sociologie critique se développe dans le cadre d'une conception du social comme attachement. Le développement de l'exclusion a donné à penser que la rupture des liens sociaux constituait un mal pire que l'injustice et la domination. Certains auteurs ont ainsi trouvé dans l'importance des liens et des attachements un argument contre la sociologie critique. C'est le cas par exemple de Latour, qui, récusant la pertinence sociologique des distinctions de l'actif et du passif, de la contrainte et de la liberté, exige une nouvelle conception du social qui soit aussi une nouvelle conception de la critique : « *La question ne se pose plus de savoir si l'on doit être libre ou attaché, mais si l'on est bien ou mal attaché. L'ancienne question faisait de la liberté et de l'autonomie du sujet le souverain bien [...]. La nouvelle question ne nous renvoie pas au sujet, à son autonomie, à son idéal d'émancipation, elle ne renvoie pas non plus à l'objectivation ou à la réification qui nous ferait perdre notre autonomie : elle nous oblige à considérer la nature précise de ce qui nous fait être. S'il ne s'agit pas d'opposer attachement et détachement, mais les bons et les mauvais attachements, il n'y a qu'un seul moyen de décider de la qualité de ces liaisons : s'enquérir de ce qu'ils sont, apprendre à être affectés par eux. L'ancienne question dirigeait l'attention soit vers le sujet, soit vers le monde étranger de forces qui pouvaient l'aliéner ; la nouvelle question s'attache aux choses mêmes, et c'est parmi ces choses qu'elle prétend distinguer bien et mal.* [1] ». Et pourtant, comment pourrait-on rendre compte des situations d'exclusion, de la vie à la rue par exemple, sans voir que la perte de « liens » est le lieu du déferlement d'une violence qui est inégalement distribuée en vertu notamment de la domination de genre [2] ? Et comment contester que la nécessité de survivre dans ses conditions extrêmes enferme bien les individus dans des formes d'aliénation [3] ?

---

1. B. Latour, « Factures/fractures : de la notion de réseau à celle d'attachement », in A. Micoud, M. Peroni, *Ce qui nous relie*, Éditions de l'aube, 2000, p. 192.
2. Sur ce point, voir par exemple, D. Zeneidi, « Femmes SDF », *Le Passant Ordinaire*, n° 27, 2000.
3. Constat qui vaut également pour des formes plus communes d'exclusion et certaines situations de travail propres au néolibéralisme ; voir à ce propos *Actuel*

Cet étrange consensus dans le rejet de la critique de la domination s'explique sans doute aussi bien par le désir de se débarrasser d'un paradigme anciennement hégémonique pour pouvoir formuler de nouveaux programmes de recherches, que par la volonté de rompre avec l'imbrication du théorique et du politique impliquée dans l'idée de sociologie critique. La politique des sciences sociales (celle de la philosophie ne valant généralement pas mieux) se réduit alors à celle des savants experts consultés par l'État en situation de crise. Ces dynamiques nourrissent un académisme et un désengagement expert qui contribuent à reproduire dans le champ intellectuel l'invisibilisation des individus empêchés par les dominations d'accéder à l'espace public politique (à l'espace publique de l'altermondialisme également [1]), voire, plus radicalement encore, à des positions de revendication et d'énonciation légitimes. D'où se déduit, par opposition, une troisième orientation possible pour la pensée critique : décrire les sociétés non plus à partir des principes (de justice, d'intégration sociale) qui sont censés réguler les dominations, mais à partir de l'expérience même de la domination, tout particulièrement à partir des dominations pesant sur les situations sociales subalternes [2].

Néolibéralisme

Deuxième point aveugle : le néolibéralisme comme régime d'accumulation capitaliste. En plus de présupposer des modèles sociologiques trop étroits, parce que refusant de prendre la question de la domination au sérieux, la nouvelle critique sociale veut construire un modèle de critique sociale se contentant d'un point de vue strictement politique (les blocages de la démocra-

---

Marx, n° 39, 2006 : « Nouvelles aliénations ».
1. Voir à ce propos la défense du « régionalisme critique » chez Spivak, dans J. Butler, G. C. Spivak, *L'État global*, Paris, Payot, 2007.
2. Comme par exemple dans certains des matériaux réunis dans Ch. Dejours (dir.), *Conjurer la violence*, Paris, Payot, 2007. Pour d'autres illustrations, voir notamment D. Zeneidi, *Punk : une géographie de la reconnaissance*, Bréal, 2008 et E. Renault, « Le discours du respect », in A. Caillé (dir.), *La quête de reconnaissance*, Paris, La découverte, 2007.

tisation) ou strictement sociologique (celui d'une théorie de la justification, ou celui d'une théorie des attachements). Il est frappant qu'alors que le débat public se déplace de différentes manières sur un terrain macro-économique (désigné par des concepts comme mondialisation, délocalisation, précarité ou néolibéralisme), la nouvelle critique sociale refuse de le suivre. D'une certaine manière, la disqualification du marxisme délégitime toute entreprise de mise en rapport des phénomènes politiques et sociaux avec un cadre économique structurel. Mais inversement, la référence au marxisme s'accompagne parfois de l'idée selon laquelle les seules luttes politiques légitimes s'en prennent au capitalisme en tant que tel, alors que des concepts comme mondialisation, délocalisation, précarité ou néolibéralisme se réduisent à des leurres. Le concept de capitalisme ne désigne pourtant pas une structure intemporelle mais seulement une logique de transformation sociale s'exprimant dans des dynamiques toujours conditionnées par des cadres institutionnels déterminés. Et c'est dans ces cadres institutionnels que se déterminent les ressources de l'action collective et les opportunités de transformation sociale.

L'idée de néolibéralisme désigne une dynamique et un cadre institutionnel spécifique [1]. Durant la période précédente, il était possible de réduire la lutte politique à une défense des compromis sociaux-démocrates dont l'institutionnalisation était caractéristique du capitalisme fordiste. Mais il faut maintenant regarder les choses en face : le néolibéralisme n'est pas qu'un processus de remise en cause de l'État providence, du contrôle des inégalités et des fluctuations économiques. Il a une logique propre. C'est cette logique qui remodèle l'ensemble de la vie sociale et de la culture politique, et il n'est pas d'autre monde où développer la lutte pour un autre monde.

Dans ce régime d'accumulation centré sur la finance, un taux de profit à court terme élevé (supérieur à 10 %) est une contrainte face à laquelle des données comme le salaire direct

---

1. On trouve une synthèse des approches critiques du néolibéralisme dans *Actuel Marx*, n° 40, 2006 : « Fin du néolibéralisme ? »

ou indirect, la durée de la journée de travail et le droit social apparaissent comme des variables d'ajustement. Sur la scène du travail, il en résulte une double dynamique d'intensification et de précarisation. Le profit étant accaparé par les actionnaires au détriment de l'investissement, la croissance de la productivité ne repose plus tant sur le progrès technique que sur la réduction et la flexibilisation des échelles organisationnelles (modèle de l'entreprise maigre, flexibilité interne et externe, sous-traitance), la capacité d'auto-organisation des salariés (travail en équipe et emploi par projet), l'intensification quantitative (chasse aux temps morts et accélération du rythme de travail) et qualitative (investissement subjectif et responsabilité) du travail et l'augmentation du temps de travail (augmentation de la durée légale, abolition tendancielle de la limite symbolique de la journée de travail et délocalisation dans des pays dont le droit du travail est moins contraignant). En d'autres termes, le néolibéralisme fait retour à la forme primitive d'extraction de la plus-value : celle-ci ne repose plus tant sur le progrès technique (plus-value relative) que sur l'augmentation de la quantité de travail et la baisse du salaire réel (plus-value absolue) [1]. Nous revenons ainsi, sous une forme certes très différente, à une dynamique du capitalisme abandonnée dès les premières victoires des luttes pour la limitation légale de la journée de travail et l'augmentation des salaires. Une dynamique qui s'était déjà inversée à l'époque de la constitution des évidences anticapitalistes de la gauche, dans la seconde moitié du XIXe, et face à laquelle, notre culture politique, largement marquée par le fordisme, est pour le moins décalée.

L'ouvrier fordiste pouvait considérer son activité professionnelle comme cantonnée à une sphère circonscrite de son existence dans laquelle il endurait une aliénation compensée par un pouvoir d'achat, des relations sociales et des sécurités lui permettant d'envisager une réalisation de soi dans la sphère de

---

1. Sur le passage tendanciel de la production de plus-value absolue à celle de la plus-value relative, voir K. Marx, *Le Capital*, *op. cit.*, sections III-V. C'est à l'inversion de cette tendance que nous assistons aujourd'hui.

son temps libre et de sa vie familiale. Or la division de l'espace de la vie en sphère du travail et sphère du non-travail est rendue toujours plus difficile lorsque l'emploi n'offre plus les sécurités qui permettent de projeter son existence hors de son job et lorsque le salarié n'est plus jugé seulement sur son savoir-faire, mais aussi sur son « savoir-être » ; lorsqu'il lui est demandé de s'engager corps et âme dans son travail et d'assumer les responsabilités qui accompagnent l'autonomie qui lui est soi-disant accordée ; lorsque, par ailleurs, l'idée de « limite » de la journée de travail tend à perdre son sens alors que le temps de travail est en augmentation constante. Les conditions ne sont plus remplies qui réduisaient l'expérience du travail à un sujet secondaire.

L'existence sociale hors travail est, quant à elle, profondément marquée par des processus de désaffiliation et de polarisation sociale. D'une part, la précarisation du travail et le démantèlement progressif des différentes protections sociales produisent des effets convergents qui ont été désignés sous le concept de désaffiliation. D'autre part, le rétablissement du taux de profit au détriment du salaire réel et la remise en cause connexe des normes de consommation fordistes (consommation de masse) convergent dans un processus de polarisation sociale [1]. Combiné avec le processus de désaffiliation et avec le processus de marchandisation concurrentielle de l'ensemble de l'activité économique (notamment de la paysannerie traditionnelle), il explique l'apparition de nouvelles formes de pauvreté (comme les travailleurs pauvres, le phénomène d'une exclusion durable du marché du travail, et l'explosion des bidonvilles à l'échelle mondiale [2]). Le fait que la perspective d'une réduction tendancielle de ces formes de pauvreté soit toujours moins crédible, que la croyance en la capacité des sociétés à en trouver un traitement social efficace s'estompe, enfin que les dynamiques de désaffiliation inclinent toujours plus d'individus à envisager

---

1. Sur ce point, voir notamment J. Lojkine, *L'Adieu à la classe moyenne*, Paris, La dispute, 2005.
2. M. Davis, *Le Pire des mondes possibles. De l'explosion urbaine au bidonville global*, Paris, La Découverte, 2006.

pour eux-mêmes un tel destin social, tout cela conduit à conférer une importance politique majeure à la question de l'expérience même de la pauvreté, celle des SDF, celle des mal logés, celle des sans-papiers, celle des populations condamnées à une émigration désespérée.

D'où une quatrième orientation possible pour la pensée critique : ne se contenter ni de dénoncer un capitalisme financiarisé devenu fou, ni de déplorer les pathologies du monde social (misère, souffrance, déshumanisation), mais connecter l'analyse des structures spécifiques du néolibéralisme avec la description de l'expérience vécue des nouvelles formes d'inégalités et de domination. Orientation qui a pour fonction aussi bien de contribuer à expliciter l'intérêt que nous avons à lutter contre le néolibéralisme que de prendre la mesure des obstacles qu'il oppose à cette lutte. Orientation qui devrait notamment conduire à remettre sur le chantier la critique du travail et celle de la pauvreté : d'une critique de l'expérience de la domination au travail et de l'expérience de la pauvreté qui, l'une et l'autre s'inscrivent dans le cadre général des dominations de classe, de genre et de « race », et qui ne peuvent donc être réduites à l'expérience d'une domination de classe incarnée, pas plus d'ailleurs qu'à l'expérience de l'incarnation immédiate de ces trois formes générale de dominations.

Puisqu'elles concernent la pensée critique en général, ces quatre orientations possibles sont elles-mêmes d'ordre général. Et elles ne relèvent en définitive que d'un pessimisme de l'intelligence. L'optimisme de la volonté, quant à lui, se construit dans la productivité réflexive d'un agir collectif qui, certes, peut être conduit à faire usage des formes de pensée générales, mais qui, toujours, part de situations sociales singulières et de conjonctures particulières.

Contingence de l'espèce, contingence du Sujet[1]

Mehdi Belhaj Kacem

Il nous faut sans doute aujourd'hui, où triomphe, après trois décennies de batailles remportées l'une après l'autre, la guerre du nihilisme démocratique, être à la fois extrêmement modestes et intraitablement « orgueilleux ».

Modestes, c'est-à-dire, avant de prononcer quoi que ce soit de prospectif, recueillir les pleines *singularités* de l'époque de l'Histoire qui est la nôtre, c'est-à-dire tout simplement celles qui ne se sont pas signalées auparavant, et qui pour cette raison ne sont pas encore pensées, parce que, dans l'incongruité même de leur surgissement impronostiqué, elles sont « trop neuves », et parce qu'à la lumière de ce qui, légué par le passé, paraît « grand », semble méprisable.

« Orgueilleux », parce que ce n'est qu'en recueillant ces traits avec une modestie phénoménologique – mais une phénoménologie qui soit à l'école de l'Histoire et d'elle seule –, que la pensée peut se mettre à la tâche efficacement: car elle seule peut le faire.

Ce croisement de modestie et d'« orgueil » est seul à pouvoir faire, sinon pièce, au moins pendant, pendant transitoire, aux dévastations sans précédent du nihilisme démocratique dans l'intellectualité de tout le monde. Il m'arrive de plus en plus souvent de me demander, par provocation, et d'abord envers moi-même, s'il faut mettre ou pas des guillemets au mot « démocratie » : est-ce la démocratie qu'on nous propose, qui est partout une oligarchie et une citoyenneté de la passivité, ou

---

1. Transcription d'une allocution parlée et « improvisée », prononcée en privé en décembre 2007, à la demande de quelques étudiants, autour des « mouvements » et de la politique possible au début du nouveau siècle.

alors *la* démocratie en son fond, qui est responsable de la misère où nous avons tous craint de nous retrouver quelque jour, sans pouvoir empêcher que ce jour advienne, en pire encore que tout ce qu'on pouvait prévoir.

Gardons les guillemets par provision, et faisons le constat : non seulement la « démocratie » a avéré qu'elle pouvait être autant dévastatrice pour la vérité que ne l'« étaient » les « dictatures » et les « totalitarismes ». Il s'est avéré de surcroît qu'elle avait réussi, et bien mieux que les autres régimes, à rabaisser le niveau moyen d'*intelligence* de ses citoyens. Le « crime contre la pensée » dont on a incriminé la droite de gouvernement, TF1, le Capital et le Spectacle, il faut beaucoup de mauvaise foi pour ne pas constater que la gauche de gouvernement, ses supports médiatiques, ses divertissements et même ses « arts », sa littérature et sa « pensée », y ont tout aussi violemment collaboré. Le résultat s'en étale partout autour de nous, décourageant le diagnostic même.

À la vérité, je ne crois pas qu'il y ait la moindre différence de fond entre les « démocraties » des pays dits « développés », qui sont des sociétés de plus en plus contrôlées et numérisées dans leur moindre détail, et les « dictatures » transitoires des pays « sous-» développés : je parle d'expérience, car un sympathisant des travaux d'Amnesty International comme moi peut vous dire que les régimes policiers et tortionnaires qui gouvernent dans les pays pauvres se convertiraient de très bonne grâce à la « démocratie », s'ils accédaient tout simplement à notre niveau de richesse, s'ils disposaient donc d'outils de contrôle, vidéosurveillance, satellites, puces infiltrées dans nos ordinateurs et nos téléviseurs, drones, l'inventoriation ADN de plus en plus infinitésimale, autodiscipline « protestante » comme en Hollande, etc. : ils renonceraient aux méthodes barbares de la torture et de la surveillance policière « directe ». Il y va moins, en réalité, de « démocratie », dont on constate tout de même bizarrement qu'elle n'arrive à « prospérer », dans les conditions qu'on sait par ailleurs, que dans des sociétés disposant des moyens techniques qui les rendent *intégralement contrôlables*, moins donc

cette question qu'une autre, beaucoup plus ancienne et consti-
tuante de l'humanité comme telle, qui est celle de son *unification
subjective*, à échelle planétaire.

★

Les deux métaphysiciens du vingtième siècle les mieux assurés
d'accompagner la plus longue postérité, Heidegger et Badiou,
ont proposé deux conceptions diamétralement opposées, entre
lesquelles je me débats et entre lesquelles j'ai pourtant repéré
des croisements. Mais, me direz-vous : nous vous demandons
de nous toucher un mot de la politique qui vient, et vous nous
parlez de métaphysique. On verra pourtant très vite le rapport.
De toute façon, ça fait partie de la modestie dont je vous faisais
ordonnance : je ne peux faire davantage, mais j'espère que mes
réponses montreront que je ne peux faire à moins.

D'un côté, Heidegger nous propose la pensée la plus
marquée par la *finitude* et par la *mort* qui ait jamais été – en
tout cas à ce niveau-là de la philosophie. À raison exactement
« proportionnée », jamais une philosophie n'aura à ce point dans
l'Histoire, pas même Spinoza, fait une place aussi éminente à
l'*infini* et à l'*éternité* comme noms immanents de la *vie* que celle
de Badiou.

L'explication du « finitisme » radical de Heidegger est
de prime abord « facile » à saisir : il s'agit de l'effet collatéral
de la « Mort de Dieu ». Des esprits aussi divers que Bataille,
Wittgenstein, Adorno, Schürmann, Nancy, Lacoue-Labarthe et
j'en passe auront partagé cette « intuition » de l'équation mort
de Dieu = finitude. Nous nous en ouvrirons en détail ailleurs.

Le trait qu'il s'agit de relever ici est prospectif. Au commen-
cement de son œuvre, quand Heidegger thématise l'être-à-la-
mort du *Dasein* humain, il ne sait pas encore, mais le dira très
vite, que ce *dasein* est encore entaché d'un subjectivisme qu'il
s'agira très vite de dépasser, tant son fantasme hégémonique,
jamais plus triomphant qu'aujourd'hui (« l'individualisme »),
est visiblement la « racine du Mal », de tous nos maux. Ce

fantasme s'étendît-il, comme Heidegger sera bien placé pour le constater, aux dimensions d'un *Dasein*-peuple, porté par un Sujet unique, on n'a guère qu'une hypertrophie supplémentaire, mais non originale, de ce qui est le grand référent notionnel de la modernité (« l'individu » des démocraties avancées et leurs « droits », qu'il faut étendre coûte que coûte à toute la planète - alors même, et c'est le *nerf* de notre situation politique, et de cette nouveauté singulière qu'il s'agit de traiter, que le confort de cette « liberté » « démocratique » requiert peut-être bien qu'une *majorité* de l'Humanité en soit non seulement exclue, mais y soit *incluse sous la forme d'un esclavage et d'une exploitation nouveaux*, pour être ce qu'elle est. Nous y revenons). Cet hypertrophisme, pour preuve, a fort bien survécu au paradigme national-socialiste, qu'on continue à agiter comme l'épouvantail ultime pour qu'on ne s'avise surtout pas d'examiner les nouvelles formes d'horreur dont l'Humanité, et notre passivité politique criminelle (singulièrement, pour des raisons historiques, en France), se rend *publiquement* responsable.

C'est même, soit dit en passant, une conviction de plus en plus profonde : à force d'avoir érigé le nazisme en référent négatif sacré de la modernité, qui nous fait vaguement juger que, tant qu'on n'en vient pas à une extrémité aussi atroce que celle qu'il répertorie, on peut dormir tranquille et se satisfaire du monde tel qu'il va, il est inéluctable que cette façon de pensée produise *des événements qui relativiseront le nazisme même*, pour que l'humanité politique se réveille quelque peu de son sommeil historique. C'est la structure du désir, toujours nichée dans un pli de contradictions. C'est où la philosophie doit s'instruire auprès de la psychanalyse, et c'est le sens que je donne au mot « phénoménologie » : dégager dans le discours tenu publiquement une vérité flagrante dans la latence même des énoncés hypnotiquement répétés à une époque donnée. Comme dans une psychanalyse, on se dit qu'« on savait déjà » ce qu'on a dit sur le divan, mais qu'il fallait le dire pour le savoir vraiment, eh bien la philosophie doit être la psychanalyse de l'Histoire, non pas après-coup mais *sur le vif* du discours de son époque.

Foucault définissait cela, - à moins que ce ne fût Maurice Clavel à son sujet - comme « journalisme transcendantal », qui sera, vous vous en doutez, l'exact pendant du journalisme « trivial » - celui-là même qu'il s'agit de « psychanalyser ».

La nouveauté, là encore, ce n'est pas que nous *ignorions* ce qui se passe ; c'est que l'incessant tir de barrage de la propagande « démocratique » nous *interdit*, à la lettre, de faire la connexion logique minimale entre cette horreur et les conditions d'existence où nous nous prélassons – sans même en retirer, les taux astronomiques de dépression et de suicide, la déliquescence de « l'art » et du « politique » en attestent, le « bonheur » qui nous y était promis.

Ce n'est donc pas tant les *conditions* de l'être-à-la-mort heideggerien qui importent, que finalement ce qu'il *conditionnait* sans le savoir. En effet, voici le tout premier siècle de l'Histoire de l'Humanité que celle-ci aborde avec le savoir sourd, le plus souvent dénié et forclos, *qu'elle peut disparaître en tant qu'espèce.* L'être-à-la-mort n'affecte pas tel ou tel *dasein* régional de la constellation humaine, mais cette constellation tout entière. Ceci me paraît être une des conditions véritablement refoulées qui empêchent le surgissement de politiques adéquates à notre temps. Car la forclusion de cette mort possible suscite la peur aveugle, et la peur est ce qui interdit toute subjectivation.

La dialectique de l'angoisse et du courage est aussi vieille que « l'engagement » lui-même (on appelait ça, il n'y a pas si longtemps encore, « héroïsme »). Mais elle change encore de base quant elle ne concerne plus simplement tel ou tel individu, ou tel ou tel groupe, mais que son soubassement devient la survie de l'espèce en tant que telle et dans sa totalité. L'Humanité devient « une » par ce trait négatif imprévu par les siècles qui ont précédé le vingtième. Comme l'avait vu Hegel, la mort est ce qui égalise l'espèce en tant que telle. Jamais cette considération n'a été si pertinente qu'à l'aube de ce siècle.

L'Histoire humaine est essentiellement le processus exceptionnel sur Terre par lequel une espèce singulière, la nôtre, est parvenue à chaque étape de cette Histoire à s'unifier d'un cran supplémentaire, à aller toujours davantage vers une « unification » conflictuelle, mais efficiente, de la dispersion originelle de son espèce (comme de toutes les autres : les tigres du centre-Afrique ne savent rien de ceux du Bengale) sur la planète. Il n'est pas d'autre espèce qui ait entrepris cet effort, et c'est cet effort qu'on appelle d'abord subjectivation. Et c'est d'un questionnement sur un tel effort, sur la nature que doit prendre le prochain stade de l'« unification » problématique de l'humain, que procédera la grande politique que notre siècle attend toujours.

Je n'ai rien, par exemple, contre la notion *en soi* de « mondialisation », qui est un processus aussi ancien que la dialectique espèce/Sujet elle-même. Toute la question portera sur la *nature* d'une telle « mondialisation », placée pour l'instant, de manière plus tyrannique qu'on ne l'a jamais vu, sous le signe exclusif des « lois du marché » et de l'exploitation vaguement tempérée par les « droits » : exploitation de la « Nature », bien sûr, et exploitation, comme toujours, de l'Homme par lui-même. C'est-à-dire les nouvelles économies par où le processus toujours accentué d'« unification » de l'espèce, la subjectivation, se double de violences proportionnées infligées à grande échelle. C'est la bêtise profonde que doit surmonter l'intuition « écologiste » : il ne peut y aller, dans ce processus, d'un « respect de la Nature », c'est-à-dire un retour au donné de la distribution « originelle » des étants sur la planète : l'Homme est cette espèce qui a toujours-déjà surmonté une telle partition « naturelle ».

Affronter cette peur *métaphysiquement* neuve, que ne pouvait pas même entrevoir quelqu'un né au début du vingtième siècle (mettons : Lenine), et l'affronter pour la vaincre : c'est un des cœurs complexes de ce que je n'ose pas encore appeler « ma » philosophie.

Il est donc étonnant qu'à l'heure où de toutes parts on se pose la question de quelles *nouvelles subjectivations politiques* l'humanité occidentale, pour l'heure paralysée, peut se rendre à nouveau susceptible, que le *corps-support* de ce Sujet possible, pour reprendre, à dessein intéressé, le lexique de Badiou, ce corps-support, l'espèce humaine comme telle et tout entière, soit passible d'un Mort – d'une disparition – sans trace. Qui ne pourrait escompter, avec beaucoup de chance, que d'être malgré tout « redécouverte », dans quelques milliards d'années, à travers quelques fossiles, comme nous avons « redécouvert » les dinosaures – sans réussir, étrangement, à aller jusqu'à réussir à expliquer la cause de leur soudaine disparition de la planète.

★

Un motif qui croise celui-ci est celui de l'acquis éternel de la philosophie du vingtième siècle après Nietzsche : l'anti-humanisme. Heidegger et Badiou ne sont pas, d'être les meilleurs, ceux à être allés le moins loin dans cette voie. Il est bon de le rappeler, au moment où le nouveau président de la République française, dans la lignée de son projet de « solution finale » pour la « pensée soixante-huit », a dit qu'au même titre que les pratiquants de l'excision, de l'égorgement de mouton en baignoire, « *ceux qui récusent l'humanisme n'ont pas leur place en France* ». À l'exception incongrue de Sartre, et en plus de Lévi-Strauss et Badiou, cette clause programmatique aurait impliqué de pousser à l'exil Lacan, Althusser, Foucault, Deleuze, Lyotard, Canguilhem. Si notre président avait été quelque chose comme « le président du monde », il aurait tout simplement rayé de l'œkoumène, en plus des noms sus-cités, tous les philosophes cruciaux du vingtième siècle.

N'empêche qu'en me demandant, lisant Badiou, qu'il est impossible de prendre en flagrant délit de non-suture de la philosophie à la politique, qu'est-ce que pouvait bien être, au-delà de son orgueilleuse assomption de l'anti-humanisme théorique vingtième-siécliste, en temps de restauration humaniste bêlante, qui a comme par hasard fourni son terreau idéologique à la poussée « sarkozyste », quelle pouvait bien être, disais-je, *au-delà* de l'anti-humanisme philosophique, qui n'est plus une originalité qu'en regard de l'atmosphère obscurantiste et réactionnaire que nous respirons, un anti-humanisme *politique*.

Ne vous évanouissez pas. L'anti-humanisme politique, ce n'est pas les « totalitarismes », qui, au contraire, sont tous des humanismes, à commencer par le national-socialisme. Comme le disait Lacoue-Labarthe, non seulement le nazisme est un humanisme, mais le seul humanisme conséquent.

Au vrai, il n'a jamais existé à ce jour de politique non-humaniste. Et pour cause : comme l'amour, l'art, la science et la philosophie elle-même, la politique, jusqu'à preuve du contraire, est une modalité de l'accès à la vérité dont l'animal humain seul fait l'expérience. N'empêche que toutes ces procédures – même l'amour !! –, ont accédé, au vingtième siècle, à un horizon non-humaniste, anti-humaniste.

Même chez Badiou, l'anti-humanisme théorique n'empêche pas que sa conception de la politique reste prise dans la clôture anthropologique. À la question donc toute simple : que pourrait bien être une politique non-humaniste, anti-humaniste, pour aborder le vingt et unième siècle, la réponse est venue assez vite : « l'écologie ».

J'en vois à nouveau qui tournent de l'œil, notamment ceux engagés, « avec » Badiou ou ailleurs, dans la lutte pour les sans-papiers ou le SIDA en Afrique. Ils ont hérité de cette tendance à brocarder l'écologie politique. Calmons-nous.

C'est la modestie dont je vous ai parlé que je requiers donc. Si je me suis engagé dans une direction en apparence « récusée » d'avance par Badiou, à savoir une philosophie de l'Histoire, c'est précisément parce que je crois que l'Histoire engendre des vérités, et que cet engendrement concerne au moins aussi précisément la politique que, par exemple, la science (la science est condition de la politique pour l'animal humain, comme je le démontre ailleurs), que j'incite à cette modestie.

Que l'écologie raconte pas mal de sottises, ce n'est pas douteux. La sottise essentielle est évidemment le thème de la « Nature », de sa sacralisation, du fait qu'elle soit « bonne », et qu'il faille donc, contre toutes nos habitudes historiques, la « respecter ». Là aussi, j'ai élaboré une construction philoso-phique assez sophistiquée pour aider notre époque à s'y repérer.

Qu'il suffise de renvoyer ici à ce que je disais plus haut : ce n'est pas la Nature qui est en cause dans l'ombre qui couvre le début du vingt et unième siècle, c'est l'existence même de l'espèce animale qui se rend responsable d'une « domination de la Nature ». « *L'homme, maître et possesseur de la Nature* », disait Descartes.

Là encore, j'ai « croisé » dans mon travail Heidegger et Badiou. Le résultat, touchant à bien des massifs conceptuels essentiels, comme l'événement, le Sujet, la mort, et quelques autres – j'ai mis du temps à me rendre compte qu'il se démarquait à la fin des deux. Je me concentre ici sur la question, soulevée par l'enfoncement où nous contraint l'époque, du « grand horizon » qui conditionne toute politique possible pour le siècle qui s'ouvre.

Touchant à la question de l'événement, je garde de Heidegger un trait dont Badiou ne veut rien savoir : la question de l'appropriation et de l'expropriation. L'appropriation est la dimension « cartésienne » qui s'ensuit de l'événement. L'expropriation est quelque chose qui a surgi plus tard : on voit que la « possession de la nature », à travers ce que Heidegger appelle le « *gigantesque de la machinerie* », l'arraisonnement de la Nature par la technique, l'appropriation, se retourne aussi bien contre lui, en *expropriation incontrôlable* menaçant sa survie même en tant qu'espèce, sur-vie qui est tout de même la condition imprescriptible pour qu'il y ait du Sujet, par exemple politique au sens de Badiou.

Bien sûr, l'homme dévaste des pans entiers de la Nature : comme le dit Derrida quelque part, le nombre d'animaux en voie de disparition est à couper le souffle. Les forêts, l'eau, l'air, la couche d'ozone, le réchauffement climatique, etc. N'empêche que nous sommes très loin d'une « domination totale ». Si le vingt et unième siècle venait à dater notre disparition de la planète, celle-ci continuerait à faire proliférer d'innombrables formes-de-vie, et, peut-être, dans quelques millions ou milliards d'années, une espèce suffisamment sophistiquée pour faire Sujet, et déterrer la trace de cet animal bizarre, l'homme, aussi sympathique en apparence que les dinosaures, et ayant disparu pour d'aussi obscures raisons. Sauront-ils que c'est de notre propre faute ? On n'en sait rien.

Le trait d'expropriation, avant le vingtième siècle et le problème « écologique », a pu surgir au dix-neuvième siècle, avec un dénommé Karl Marx. On ne peut pas dire qu'il n'ait pas fait tout ce qu'il fallait pour détecter la phénoménologie d'expropriation qu'entraîne l'appropriation scientifico-technique, par où la procédure politique surgit comme vérité essentielle de l'animal humain. Il a intercepté une vérité qui ne pouvait surgir qu'*historiquement*, avec l'industrialisation. Il ne pouvait pas savoir que ce qu'il thématisa comme accumulation du Capital, en deçà et au-delà du surgissement de l'exploitation industrielle qui la lui faisait voir, l'Histoire ferait surgir un nouveau problème, celui à point nommé de la « pollution ». Qui, au dix-neuvième siècle, pouvait bien se soucier de « pollution » ? Personne. C'est l'Histoire qui fait la vérité, pas la décision de l'Homme quant à ce qui est vrai à l'intérieur d'elle.

La « modestie » dont je vous faisais ordonnance.

★

En effet, l'accumulation du Capital, c'est aujourd'hui la cartographie des pollutions sur la planète. Celui qui aura un jour le courage et la patience, comme Marx avec les innombrables pavés ennuyeux de traités économiques, de dresser la cartographie mondiale des zones de turbulence « écologique », celui-là dressera le *Kriegspiel* le plus vérace des rapports de force politiques contemporains.

C'est le chiffre le plus réel que je sache aujourd'hui de la lutte des classes. Qui portera une sonde théorique puissante et rigoureuse sur ce chiffre, contribuera décisivement à réactiver la politique pour le siècle qui s'ouvre. Ce chiffre, c'est que si la consommation « technique » – pléonasme – de l'ensemble de l'Humanité était égale à celle de la dizaine des pays les plus développés, il ne pourrait pas y avoir six milliards d'être humains sur Terre. Il ne pourrait y en avoir, au grand maximum, que deux milliards et demi. C'est de ce côté que nous devrons chercher les Louis XVI et les Marie-Antoinette d'aujourd'hui (« Il n'ont pas d'eau chaude dans leur baignoire? Qu'ils prennent un Jacuzzi. »). D'autant que le thème « écologique » est d'ores et déjà récupéré par l'ennemi, qui tient des propos proprement psychotiques sur le sujet. Par exemple, un certain Jared Diamond, qui rencontre un vif succès et dont il paraîtrait que notre président de la République pense le plus grand bien (un « génie », comme Max Gallo ou André Glucksmann, sans doute). Son raisonnement est très simple : puisque le « grand problème » contemporain, c'est l'environnement et sa dévastation ; puisqu'il est attesté que si tout le monde vivait avec les mêmes moyens que l'Occident avancé, nous devrions être moins de deux fois moins nombreux ; alors, le problème, ce ne sont pas les pays qui polluent, c'est la surpopulation. Et puisque c'est la surpopulation, le problème n'est pas tant les riches qui polluent, que les pauvres qui surencombrent. En politique extérieure, cela signifie que l'immigration est le problème numéro un : par exemple, la Californie, cette Jérusalem céleste du capitalisme, n'est pas polluée parce qu'elle est une des régions les plus consommatrices du monde, mais parce que trop de gens y viennent. Pour la politique extérieure, il n'est pas besoin d'être Einstein pour le pressentir : il y a trois milliards et demi d'êtres humains en trop. Tout simplement. Hitler ne voulait pas éliminer les juifs parce qu'il y en avait « trop », mais pour désinfecter l'humanité des idées que, selon lui, cette race n'avait que trop propagées dans l'Histoire : monothéisme, égalitarisme, socialisme, etc. Il a été conséquent avec ce qu'il pensait. On se demande quelles conséquences vont tirer, eux, les adeptes apparemment nombreux et V.I.P. de Diamond. On voit en tout cas où peut mener un certain type d'« humanisme » démocrate à l'américaine. Reste à demander jusqu'à quel point il sera conséquent.

Que ces trois milliards et demi composent, selon toute vraisemblance, la masse des producteurs directs qui fournissent à notre auteur et à l'Occident avancé le gros du travail manuel nécessaire à leur confort pollueur, je pense que ça ne lui effleure même pas l'esprit. Ce monsieur, comme bien d'autres, est tout simplement en train de nous concocter l'idéologie d'extrême droite de demain : un fascisme internationaliste où les riches, c'est les riches, de droit divin, et les pauvres, les pauvres, par obscur anathème. Je ne le dis qu'en passant, mais c'est un des points décisifs : ce n'est pas du côté des « vieux » fascismes, des « vieilles » extrêmes droites, qu'il faut chercher le vrai danger. Partout les vieux nationalismes frelatés refont surface, mais ne sont corollaires que de cette *nouvelle* extrême droite idéologique qui s'impose partout « démocratiquement ».

Un des enseignements les plus féconds d'une philosophie de l'Histoire, c'est que rien ne se répète jamais tel quel. Les gens optent toujours pour la nouveauté, qu'elle soit réelle ou de simulacre. Mais le simulacre de nouveauté lui-même, ou de « rupture », comme dit le président, ne peut laisser d'être, en réalité, une nouveauté vraiment neuve : cette nouvelle idéologie d'extrême droite qui s'articule autour de la toute-puissance du « libre marché », et de sa mainmise absolutiste sur les appareils médiatiques dominants, du soutien inconditionné à la politique américaine et la sacralité de la « cause israélienne », de la fermeture de l'Europe à la pauvreté, etc.

La « modestie », c'est donc celle-là. Que l'écologie politique raconte pas mal de sottises, ce n'est pas une raison suffisante pour se désintéresser de son surgissement historico-historial comme *problème* politique inouï, qu'il est du devoir de la philosophie de clarifier. De toujours, fors quelques événements fondateurs et quelques fidélités éternelles, la politique est le domaine où l'on raconte le plus de bêtises – je ne parle même pas des mensonges. Je parle des bêtises, parce qu'avant que Marx arrive, le socialisme, c'était souvent aussi bête et plein de niaiseries que l'écologie politique aujourd'hui. Pensons à Saint-Simon, à Proudhon, à Fourrier... mais aussi après Marx. Je vous conseille vivement la lecture de Kautsky, ou de Staline, pour vous édifier sur ce qu'on a pu raconter d'âneries au nom du socialisme.

Il y a une suture à créer de ce qui nous reste de l'événement communiste et les niaiseries non encore décantées théoriquement de « l'écologie politique ». C'est ici que se démontrera la vérité d'une philosophie de l'Histoire. Je ne donne ici que de très gros traits ; j'ai passé des années d'aride patience solitaire à sonder le *fond* de ce problème – et en fonder la sonde, le jeu de mots me vient comme ça. Est philosophique, que ça choque ou pas, ce qui fonde les problèmes, non en en prescrivant fantasmatiquement les « solutions », mais, comme l'a exemplairement dit Deleuze, en les *posant* correctement.

Dit autrement pour clarifier le nouage de modestie et d'orgueil à quoi je nous incite : c'est l'époque qui fonde les problèmes et elle seule ; mais c'est la philosophie qui les *pose adéquatement*. Telle, à titre personnel, m'a paru être, de façon de plus en plus imprescriptible, la nécessité d'élaborer une philosophie de l'Histoire pour notre temps.

L'Histoire est la singularité de l'animalité humaine ; elle a fortement partie liée avec la science et la technique, en ce que l'Histoire est *l'alchimie qui convertit la contingence en nécessité*. Voyez aujourd'hui les guerres qui dévastent le monde, au nom de quoi ? Du pétrole, une denrée dont on nous dit qu'elle aura disparu au plus tard dans un demi-siècle. Le pétrole est-il nécessaire ? Non. Qu'il y ait du pétrole ou pas, c'est du point de vue de la Nature contingent. Ce le serait aussi du point de vue de l'homme *s'il ne se l'était pas approprié en vue d'un usage surnuméraire, qui bouleverse sa façon d'habiter le monde*, unifiant sa présence dans celui-ci (voitures, avions, etc.) ; comme, disons, le limon, qui ne « sert » à rien, c'est-à-dire qui ne *lui* sert à rien, qu'il ne s'est pas approprié en vue d'un usage « utile ». Et tant qu'il n'y a pas l'appropriation anthropologique d'agencement technique du pétrole et de la mécanique, le pétrole reste une région élémentaire indifférente dans l'opacité de la matière.

C'est ça la suture à trouver, de manière radicalement anti-humaniste. Ce que l'ouvrier et le paysan partagent avec la « Nature » appropriée aux « besoins » surnuméraires de l'humanité, qui transforme l'appropriation de la contingence en

nécessité répétitive (conduire une voiture, etc.) de son fonctionnement, c'est que seuls les paysans et les ouvriers sont *absolument
nécessaires* à la survie de l'espèce. Personne n'a « besoin » d'un
PDG, d'un président, d'un artiste ou d'un philosophe. Mais
la violence archi-politique de l'humanité, c'est précisément de
faire passer tous ces métiers surnuméraires et « gratuits », – il
est nécessaire, pour une philosophie de l'Histoire, d'édifier un
concept ontologico-anthopologique du luxe –, pour nécessaires,
et les seuls métiers nécessaires, pour contingents.

★

Ici surgit le fameux problème de la « mondialisation ». Il est
complexe. Un concept intéressant qui le structure est celui de la
« délocalisation ». Et c'est une des grandes antiennes du pouvoir,
qui n'a jamais été aussi arrogant. Jamais il n'a pu dire avec une
telle impunité : toi, ouvrier, toi, paysan (par exemple, ces derniers
temps : « toi, cheminot », « toi, marin pêcheur »), tu n'es pas
nécessaire. Si tu ne te satisfais pas des maigres rétributions qui
te sont allouées, il nous est toujours facile d'aller trouver ailleurs
à bien moindre frais. C'est pourquoi on n'a aucun besoin *réel* de
« refouler l'immigration », par exemple. Ce dont on a besoin, c'est
que les travaux manuels soient les moins coûteux possibles. Et
il n'y a qu'en les maintenant dans la condition d'ouvriers sans-
papiers qu'ils peuvent être rentables aux conditions qu'impose
le pouvoir. Par exemple, sans les sans-papiers, une très vaste part
de la restauration s'effondrerait. Ce qui a le mérite collatéral de
terroriser tous les autres employés « normaux ». Chacun à sa
place, et que personne ne bouge. C'est tout. On organise dès
lors une politique visant à terroriser les gens pour les détourner
des enjeux qui les concernent directement.
Le symptôme, c'est celui qui éclaire la transition d'un siècle
à un autre. Jusqu'ici la « lutte des classes », dont on a tort de
dire du mal, se situait *à l'intérieur* de chaque État-Nation.
L'importance historique du phénomène « Solidarnosc » en
Pologne est d'avoir démontré que la lutte des classes frappait

toujours et indistinctement les États « socialistes » et capitalistes. Et la dimension prémonitoire de ce phénomène, qui, à
l'intérieur même de la Pologne, a précipité à court terme l'obso-
lescence de ce mouvement, c'est que la lutte des classes ne se
fait plus à l'échelle d'aucun État-Nation strict. Il y a les pays
riches (nous sommes tous, même Rmistes, dans le Château de
Versailles) et les pays pauvres. La lutte des classes se passe *à la
limite* de l'État-Nation. D'où le caractère décisif, et partout, de
la question des ouvriers « sans-papiers » : que ce soit en Europe
et nulle part plus violemment qu'en France, en Palestine (le
« mur de séparation » n'est rien d'autre qu'un mur de classes,
où les ressources naturelles du côté pauvre sont pillées par le
riche, et où la main-d'œuvre, comme le sans-papiers, confine à
l'esclavagisme), à la frontière mexicaine, mais aussi en Suisse,
en Belgique, en Hollande, bref: partout où il y a l'abondance.

Partout aussi sévit alors ce qu'il faut bien appeler la *catastrophe*
que nous endurons: avec ces murs qui réalisent, bien plus que
la prophétie d'Orwell, celle de Huxley, on n'en a plus que pour
des guerres d'« espèces » ethniques – et presque pas une guerre
de *sujets*. La catastrophe, c'est que, comme l'humanité a cessé
de faire ce qu'elle a toujours fait, avec la violence inhérente
à sa condition même, universaliser en une forme subjective
nécessaire la contingence de son espèce animale, on livre
l'humanité à la pseudo-nécessité de la fausse « contingence
ethnique ». Et partout.

C'est le point où je voulais en venir. J'ai évoqué à dessein
« Solidarnosc », parce que la « faiblesse » des mouvements actuels
tient à ce que le pouvoir réussit à transformer les « luttes sociales »
en guerre des tranchées. Les cheminots ne font grève que
pour eux-mêmes, les marins pêcheurs pareil, et vous étudiants
n'utilisez pas ce qui devrait être votre « conscience de classe »
et les outils théoriques qui devraient être les vôtres pour créer
de nouvelles solidarités. Ceux qui sont solidaires, bien entendu,
parce qu'ils n'ont pas le choix, ce sont les « sans-papiers ». C'est
pourquoi ils sont ceux qui ont le plus besoin de la solidarité *des
autres qu'eux*. Et c'est pourquoi ils témoignent de ce que, sans

solidarité entre les diverses luttes, celles-ci sont perdues *pour elles-mêmes*. Il faut trouver par quels points la « cause » de tel mouvement communique avec celle d'une autre, de toutes les autres. C'est la grande difficulté à quoi nous astreint le nouveau siècle. Je ne doute pas qu'à un moment ou à un autre, ça se clarifiera. Je ne doute pas une seconde, par exemple, qu'un événement, soit « révolutionnaire » et positif, soit catastrophique et d'ordre inéluctablement « technique » et « écologique », rendra à l'humanité *l'évidence* du mot « communisme ». Pour la même raison que celle que j'ai dite plus haut : l'humanité opte toujours pour la nouveauté la plus sophistiquée qui se présente à elle. Ça s'est vérifié sans exception dans l'Histoire. C'est même par un oubli du connoté historique attaché à ce mot - « communisme » - qu'on en saisira le plein sens : l'humanité, même au pire de la catastrophe que nous endurons, et à raison même des atrocités dont elle s'est toujours rendue responsable, est la forme d'animalité à être allé et de très loin, si j'ose dire, le plus loin dans *l'unification subjective de l'espèce qu'elle est*. On nous dit aujourd'hui, c'est la *doxa* : toutes ces « utopies » communistes, ça a échoué, la seule forme subjective universelle jouable, c'est l'économie de marché, l'exploitation délocalisée, les « intérêts de race » et l'écologie « tempérée ».

Une chose m'a frappé en France récemment, c'est le fameux « Grenelle de l'environnement ». On met en quelque sorte la charrue de la résorption étatique avant les bœufs de l'événement. Le Grenelle, vous le savez, était une négociation gouvernementale et syndicale avec la classe ouvrière destinée à *tuer* les effets encore fumants de la révolte de mai 1968. En quelque sorte, on veut étouffer la révolte anti-humaniste que sera inéluctablement la véritable « prise de conscience écologique », qui est pour l'instant encore embrumée par le galimatias de « l'environnement » et de la « Nature originairement bonne ». Non. Une des urgences absolument cruciales, c'est de re-politiser intégralement, point par point, tout ce qui émerge au titre de « l'écologie ». Il y a tout un jargon écologiste derrière lequel se cachent les *vrais* problèmes.

Quel que soit, comme je l'ai dit, le « démarquage » que mon travail récent a opéré par rapport à Badiou (ce qui ne veut surtout pas dire « dépassement »), je suis tombé, en relisant, sur ce passage décisif, qui à mes yeux dit tout : « *Ce que j'admire plus que tout en Pascal, c'est* [...] *l'effort, dans des circonstances difficiles, d'aller* à contre-courant, *non au sens réactif du terme, mais pour inventer les formes modernes d'une ancienne conviction, plutôt que de suivre le train du monde, et d'adopter le scepticisme portatif que toutes les époques de transition ressuscitent à l'usage des âmes trop faibles pour tenir qu'aucune* vitesse *historique n'est incompatible avec la tranquille volonté de changer le monde et d'en universaliser la forme.* »

Il faut seulement préciser que le seul monde que nous puissions changer, c'est le « nôtre », et la seule forme que nous universalisions de fait, c'est la forme de la subjectivité que nous habitons. L'universel n'est qu'une catégorie anthropologique, par où telle espèce a accédé à des formes sans cesse neuves d'unification subjective, dans les affres innommables qu'on sait, mais aussi dans toutes les merveilles dont notre espèce s'est rendue subjectivement susceptible. La technique est bien un des noms de cette subjectivation.

Pour conclure ce soir, je dirais que, par rapport à Badiou, qui re-qualifie la philosophie en la définissant comme le procès sophistiqué et intégralement positif des vérités dont l'humanité est capable, mon geste consiste, par exemple par de nouvelles considérations philosophiques sur la question de la « technique », à introduire un peu de ce que Jean-Luc Nancy, au sujet de Hegel, a appelé « *l'inquiétude du négatif* ». Par exemple, chez Badiou, l'événement ne produit unilatéralement « que » du Bien ; pour moi, l'événement est condition du Bien et du Mal (de la législation de la transgression, de l'infini et du fini, etc.). C'est-à-dire qu'il s'agit non seulement de toujours tenir compte des deux, donc du moment de Négativité dans le procès des vérités, mais aussi et surtout, à la différence de Badiou, il nous faut penser l'événement, dans quelque ordre que ce soit, et pas simplement politique, comme toujours *en amont* du

Bien et du Mal. L'événement ne « produit » pas le Bien sans produire le Mal. Il faut le penser comme *condition* des deux, lui-même soustrait à ces catégories qui innervent ensuite l'activité humaine tout entière.

Je vous laisse là pour ce soir.

Une nouvelle période

Jean-Paul Dollé

Au cycle antiautoritaire des années soixante – culminant en mai 1968 et dans le Mai rampant italien –, succéda, à la fin des années soixante-dix, le cycle antitotalitaire ; non plus Marx, mais Tocqueville ; non plus Sartre, mais Aron ! Ce cycle lui-même est sur le point de s'achever. Au libéralisme politique – qui s'accommode certes du marché, mais ne pose pas comme seule finalité aux sociétés la recherche exclusive du profit et ne réduit pas les relations entre les hommes à des rapports marchands, qui se soucie au contraire des conditions politiques du vivre ensemble –, a succédé la globalisation financière. La dictature des marchés s'accommode fort bien des régimes dictatoriaux, comme l'a amplement démontré l'alliance organique entre les Chicago Boys, disciples économiques zélés du théoricien Hayeck, partisan du laisser-faire radical et de la recherche du profit maximum, avec le général Pinochet. Cette collusion n'était pas une exception chilienne et, par conséquent, périphérique. Elle indiquait une tendance.

En effet, au milieu des années soixante-dix, des personnalités politiques, économiques, intellectuelles, réunies autour de la Fondation Rockfeller, se constituent en directoire stratégique international dénommé la « Trilatérale ». Réfléchissant à long terme sur l'avenir du monde, la Trilatérale préconisa une « *régulation* » de la démocratie, dont les « abus » pénalisent le développement de la concurrence, l'accroissement de la productivité et, partant, la rentabilité des investissements.

En clair, si la démocratie politique s'élargit en démocratie sociale et si les salariés partagent le pouvoir dans les entreprises, c'en est fini du droit de propriété et de l'hégémonie capitaliste. Or, dans les années soixante et au début des années soixante-dix, se développe une insoumission de masse des travailleurs sans qualification, soumis à l'organisation fordiste de la « chaîne », insurrection qui prend des formes quasi insurrectionnelles dans les usines du nord de l'Italie, et se répandent dans l'après Mai français, mais aussi en Angleterre, en Suède, et même aux USA.

Face à ce défi qui met en jeu la question même du pouvoir, les représentants les plus avisés du parti de la domination militent pour une reprise du combat social après l'armistice de l'après-guerre et remettent à l'ordre du jour la lutte des classes. La perspective est clairement tracée : une contre-offensive sur tous les fronts avec pour but ultime une (contre-) révolution conservatrice, annulant toutes les conquêtes sociales et les avancées politiques du *New Deal* rooseveltien, de 1936 et de la Libération en France, de l'État Providence en Angleterre et de l'État Social en Allemagne de l'Ouest. On connaît les étapes principales de ce vaste dessein. Présidence Reagan, gouvernement Thatcher et, après la victoire incongrue de Mitterrand vite effacée par le tournant de la « rigueur » de 1983, l'alignement de plus en plus marqué, durant les deux septennats de Mitterrand et le long régime de Chirac, sur l'orthodoxie libérale en économie, malgré des reculs tactiques imposés par la force – de plus en plus déclinante – du mouvement social.

L'élection de Sarkozy couronne cette lente évolution, et ouvre une période où les forces dominantes assument « sans complexe » leur domination, assurées que la conjoncture est nationalement et internationalement favorable à une victoire totale et de longue durée sur l'adversaire. Interdite du vocabulaire officiel technocratique pendant plus de trente ans, pour cause de consensus et de « fin de la guerre civile froide », la guerre de classe ose s'affirmer, en même temps que sont clamés haut et fort les termes jadis bannis – droite, riches, racailles, ennemis –, et rangés au magasin des accessoires les comportements « convenables ».

Finie une certaine retenue dans l'exhibition de la complicité du pouvoir politique, des puissances financières, des maîtres des médias, et du demi-monde du show-business. C'est cela la rupture sarkozyste : l'arrogance des puissants, la vulgarité des parvenus, le goût de la revanche de tous les frustrés qui, depuis 1968, remâchent leur espoir toujours déçu de la venue d'un chef qui remette de l'ordre dans les familles, les écoles, les rues et impose aux étrangers qu'ils se conforment aux lois, croyances et coutumes des Français de souche.

Mais l'élection de Sarkozy, aussi importante qu'elle soit pour le paysage politique français, est avant tout le signe de la nouvelle donne mondiale. Après la longue parenthèse gaulliste déjà affadie sous Pompidou, effacée chez Giscard, plus ou moins assumée par Mitterrand, la France s'est résignée à devenir une province – quelquefois grognonne mais, en définitive, alignée – de l'empire global de la marchandisation planétaire. Sarkozy l'Américain a tranché. Ses vacances aux USA, juste après son élection, exhibent non seulement ses goûts profonds en matière de mode de vie – choisir son lieu de détente hors de son pays, alors qu'on vient d'être choisi par les électeurs pour défendre ce qui, officiellement, forme encore une nation, c'est-à-dire une communauté politique particulière, montre spectaculairement que, pour le représentant symbolique de l'élite gouvernante, le désirable se trouve hors du territoire dont on est censé garantir l'intégrité et assurer le développement –, mais signe spectaculairement le grand dessein : réconciliation et coopération la plus complète avec le gouvernement américain. Prenant le contre-pied de Chirac, Sarkozy envoie Kouchner en Irak. Message très clair : la France, même si elle ne désavoue pas formellement la condamnation de l'entrée en guerre des USA en Irak, sans l'aval de l'ONU, prend acte de la situation ainsi créé et accepte de participer à la formation de la police et des forces de sécurité du gouvernement irakien. En Afghanistan, le contingent français, intégré à l'OTAN sous direction américaine, est renforcé. En Iran, le gouvernement français est sur la même longueur d'onde que Bush et presse ses partenaires européens de renforcer les sanctions contre le gouvernement iranien, envisageant même l'éventualité de frappes sur les installations nucléaires iraniennes, si les Iraniens ne renoncent pas définitivement à leur bombe.

En fait, Sarkozy a renoncé à toute politique indépendante, au profit d'une gestion des intérêts des groupes industrialo-financiers « français » qui doivent affronter, dans le cadre de la mondialisation, une concurrence « libre et non faussée ».

La grande habileté de Sarkozy, c'est qu'il a fait croire – alors qu'il poursuit le long processus de dépolitisation, condition absolument nécessaire à la domination des marchés financiers – qu'il renouait avec la politique, en abandonnant le langage technocratique et en lui substituant un discours idéologique sur les valeurs et une posture volontariste à relents bonapartistes. Rupture d'autant plus spectaculaire que les socialistes, après leur abandon de toute référence à une quelconque transformation de l'ordre capitaliste, pour justifier leur revirement, s'étaient prévalu de l'excellence de leur « expertise ». La « deuxième gauche », sous l'impulsion de Rocard, avait fait sienne la devise de Saint-Simon, inspirateur de l'une des variantes du socialisme utopique du xixᵉ siècle : « *Au gouvernement des choses, il faut substituer l'administration des choses* »; cette maxime de l'anti-politique rend toute ouverture sur un réel non encore advenu impossible. Telle est bien sa fonction : *rendre impossible le possible*, de telle sorte que les gouvernants, devenus les fonctionnaires – administrateurs des « choses » –, sont en mesure de répondre à toute critique de leur politique : « Il n'y a pas d'autre politique possible » ; « À moins de vouloir courir au désastre, il n'y a pas moyen de s'opposer aux contraintes du réel ». Constatant cet état de fait, rien d'étonnant à ce que les citoyens se soient éloignés non pas de la politique, comme les commentateurs autorisés l'ont diagnostiqué et déploré (sincèrement ?), mais de ce simulacre de politique. Conséquence : désintérêt, dégoût, abstention, populisme d'extrême droite.

La grande force de Sarkozy, contre ses concurrents de droite et ses opposants du PS, c'est d'avoir repris à son compte la voie du possible : « Avec moi tout est possible ». Ce n'est évidemment pas vrai. Et pourtant le slogan de la campagne fut suffisamment crédible pour être cru – en tous les cas par une majorité. C'est en ce point que gît le secret du « style Sarko ». On a tout dit sur sa surmédiatisation, rendue d'autant plus efficace que la plus grande majorité des patrons et propriétaires des grands groupes audiovisuels et journalistiques sont de ses amis politiques. Mais cette complicité-connivence-assujettissement n'explique pas tout. Il ne suffit pas d'avoir les tuyaux, encore faut-il que le message passe bien.

Comment faire pour que passe le message selon lequel, avec Sarkozy, tout est de nouveau possible ? Comme rien dans l'ordre du réel ne permet de confirmer cette assertion, Sarkozy doit dissoudre le réel, le recouvrir par le fantasme et ainsi créer une réalité qui convienne. C'est possible parce que, comme chacun sait aujourd'hui, pour le fantasme, rien n'est impossible. Cette dématérialisation-hallucination est une vielle histoire. Guy Debord a analysé la forme qu'elle prend à l'époque du règne de la planétarisation de la marchandise, aboutissant à la Société du spectacle. Sarkozy porte à un degré rarement égalé cette prégnance absolue des images qui façonnent un monde (un non-monde serait plus exact) recouvrant l'immonde de l'exploitation – dévastation de la terre et asservissement de ceux qui l'habitent. Ce monde de la falsification est celui où « *le vrai est un moment du faux* ». Mais Debord ajoute – ce que ne mentionnent pas les journalistes et autres experts qui parlent à tort et à travers du Spectacle – que la Société du spectacle est avant tout une société du secret comme jamais aucune société n'en a connu, secret gardé et renforcé précisément par le « bombardement des images ». En effet, celui-ci a pour fonction de brouiller le regard, d'empêcher de voir, d'interrompre la parole. Le spectacle rend opaque et inintelligible tout événement en téléréalisant chaque jour de l'événementiel ; il fait voir à la majorité de ceux qu'il tient sous son empire hallucinatoire ce qu'ils croient, alors qu'ils s'imaginent croire ce qu'ils voient.

Telle est la puissance hallucinatoire dont Sarkozy s'est jusqu'à maintenant remarquablement servi. Mais, au fait, que veut-il faire voir et croire ? Que, si c'est possible pour lui, que fassent alors comme lui tous ceux qui veulent pour leur existence une ouverture sur le possible, c'est-à-dire qu'ils appliquent, dans leur métier et leur vie personnelle, la maxime qui lui a si bien réussi : quand on veut, on peut. Certes, pour cela, il faut se lever tôt et travailler. Certes, sur la route du succès, on rencontre des échecs, on prend des coups, mais, à la condition qu'on persévère, on finit par atteindre le but qu'on s'est fixé. Cette saga que Sarkozy écrit jour après jour, il la donne à voir à tous les téléspectateurs de telle sorte que chacun d'entre eux – pris séparément, évidemment, car pour Sarkozy, il n'y a pas de réussite collective, seulement une réussite individuelle, laquelle a éventuellement besoin de collaborateurs, mais n'en reste pas moins la réussite d'un individu – peut l'imiter pour, à son tour, devenir un « gagnant ».

Pour démontrer que tout est possible, Sarkozy doit afficher son omniprésence et son ubiquité. Être partout à la fois, c'est la seule façon d'être omnipotent. Les socialistes ironisent sur cette « boulimie », ou ce « super-narcissisme ». Ils prouvent simplement par là qu'ils n'ont rien compris au Spectacle et au ressort de la politique sarkozyste. Se mouvoir perpétuellement est la condition nécessaire – si ce n'est suffisante – pour émouvoir. Or, l'émotion est la forme télévisuelle de l'argumentation : pour convaincre, il faut émouvoir. On ne peut briser ce sortilège – qui doit être constamment réactivé, faute de quoi « la confiance » entre un homme et son peuple s'étiole et disparaît – que par une parole vraie et argumentée. Or de cela, le parti socialiste est bien incapable, puisqu'il baigne en permanence dans l'ambiguïté et tient un double discours, selon qu'il est dans l'opposition ou au gouvernement. Ce qu'il ne peut dire – depuis qu'il se définit comme parti de gouvernement, y compris quand il est dans l'opposition –, c'est qu'il est pour l'essentiel d'accord avec l'orientation générale de la non politique générée par la soumission à la globalisation des marchés financiers. Le parti socialiste, ne pouvant publiquement reconnaître qu'il fait partie de l'oligarchie, ment misérablement. Misérablement, à la différence de Sarkozy qui ment effrontément, car lui sait qu'il ment, et il le montre ostensiblement. Son souci proclamé du sort des classes populaires est démenti spectaculairement par les images – suscitées et contrôlées par lui – de sa proximité-complicité avec les membres les plus éminents du capitalisme français. Le parti socialiste ne peut faire preuve d'autant de cynisme triomphant et, par conséquent, biaise, bafouille. De cette impossibilité structurelle à dire le vrai, c'est-à-dire à exhiber la vérité « décomplexée » de son mensonge comme l'assume fièrement Sarkozy, les commentateurs et les dirigeants eux-mêmes du PS en concluent que le PS est inaudible. Pas du tout ; il est très audible et tous entendent et comprennent qu'il ment, mais avec maladresse et mauvaise conscience. Tous, y compris ses électeurs, qui, à bout de patience et d'indulgence, quand toutes les bornes de la tromperie ont été franchies, font comprendre qu'ils ne sont pas prêts à tout accepter. Dernier exemple en date : le désaveu cinglant au sujet de la Constitution européenne et le vote négatif au référendum.

Un tel déni de la parole et de l'acte politiques a imposé au PS une révision totale de son rapport avec son histoire et ses références fondamentales. Sa finalité comme parti, sa charte où sont énoncées ses valeurs sont passées sous silence. D'où le malaise qui est le sien dans ses relations avec ceux qui sont censés exprimer ces finalités et ces valeurs, les intellectuels, et leur remplacement par une nouvelle catégorie, les experts. Qu'est ce qu'un expert ? Un « professionnel » compétent dans sa discipline ou sa technique, mais qui n'interroge jamais les présupposés philosophiques, théoriques, politiques de sa discipline et des enjeux mis en œuvre dans sa technique. Philosophie ? Mais justement l'expert en a la phobie ; il la fuit comme la peste, car elle est à ses yeux l'indice de la présence abhorrée de l'idéologie. Une telle détestation-haine de la pensée est caricaturalement incarnée par Claude Allègre qui, avant de devenir ministre de l'Éducation nationale, fut promu par Jospin président du « comité des experts » du PS. Cette réincarnation de Monsieur Homais, fier de son scientisme borné, exècre les philosophes, lesquels, selon lui, ne connaissent rien à la science expérimentale et se permettent de porter un jugement et d'énoncer une série d'énoncés sur le monde dans sa totalité.

Platon par exemple, dont lui, Allègre, se fait fort de réfuter la
« doctrine », car il se trompe absolument sur la physique !

Cette indigence de pensée est tout aussi affligeante à l'UMP.
Ce qui permet à Guaino, plume et conseiller spécial de Sarkozy,
de se payer le luxe de déclarer publiquement sur la chaîne 2
de la télévision nationale, que c'est le système politique en son
entier qui est en crise profonde. Il ne le déplore pas, car il sait
que le pouvoir de Sarkozy est issu de cette crise. Cette implosion
de la politique est le socle à partir duquel il peut imposer, sans
trop de troubles, l'intégration complète de la société française
au marché mondial. Mais, paradoxalement – en apparence
seulement –, cet effacement-disparition d'une politique
nationale indépendante doit être compensée par une exaltation
nationaliste, voire chauvine. La France ainsi promue n'est pas
une entité politique regroupant des citoyens égaux, mais un pays
où vivent des nationaux, nourris de la même histoire, observant
les mêmes coutumes et partageant les mêmes croyances. C'est
la France des « entre nous », excluant les étrangers, ou, à tout
le moins, s'en méfiant. On sait à quel point cette idéologie de
« l'entre nous » est porteuse. Il n'est, pour s'en convaincre, que
d'étudier une carte de l'implantation des zones de résidences
et la stratégie des habitants-propriétaires et locataires réunis
pour constituer le milieu le plus homogène possible – en termes
de statut social, de revenus etc. – et le protéger contre toute
intrusion venue du dehors ; la tentation du renfermement sur soi
commence dans l'habitat, avant de se formuler en mot d'ordre
« La France, tu l'aimes ou tu la quittes ».

Pour pallier l'absence de projet politique national, Sarko et
les néoconservateurs font de l'« identité nationale » un enjeu
stratégique. Le mot stratégique devant être pris dans son sens
d'origine, c'est-à-dire son acceptation militaire. Dans cette
problématique d'identité nationale, l'aspect territorial et corporel
est privilégié. La Nation est un territoire et la société français
un corps (social). Ce territoire doit être protégé, « sécurisé », car
il est l'objet de convoitises et de menaces de la part d'ennemis
potentiels, qui n'ont pas hésité dans l'histoire à l'envahir et

l'occuper. Ces souvenirs douloureux sont encore vivaces et le risque d'invasion toujours actuel. Mais aujourd'hui, à l'ère de la mondialisation et de l'ouverture des frontières, cette invasion ne prend plus la forme de l'intrusion d'une armée étrangère sur le sol de la patrie. Cette invasion n'est plus directement militaire, mais elle n'en est plus que dangereuse, car elle est constante, journalière, et le champ de la bataille se trouve partout dans les villes, les quartiers. Les « émigrés clandestins » s'y infiltrent et les jeunes français d'« origine étrangère » se constituent en « contre société », se regroupent en « zone de non droit » et constituent une menace réelle, car empiétant petit à petit sur le territoire encore « français », ils forment une cinquième colonne « potentielle, alliée des ennemis terroristes ».

On sait à quel point ce fantasme parcourt la société française dans les profondeurs, fantasme d'invasion d'autant plus fort qu'il se couple avec celui de viol. À cet égard l'aspect sexuel de la loi sur le voile et la défense de la laïcité à l'école ne doit pas être sous-estimé. Cette dérive ethnique, pour ne pas dire raciste, de la politique sarkozyste se manifeste avec force dans la gestion sécuritaire des populations des quartiers populaires et des cités. La criminalisation systématique du comportement des « jeunes » s'est traduite par la modification du code pénal des mineurs, en cas de récidive. Mais à la judiciarisation combinée au harcèlement policier, mise à l'honneur par le ministre de l'Intérieur, Sarko, se rajoute de plus en plus la « militarisation » du traitement des quartiers sensibles. L'emploi de mots comme « territoires », « zones » fait inévitablement penser aux territoires occupés de Palestine et aux zones de combats, impression confirmée par l'utilisation d'armes de guerre. Le survol des cités par des « drones » est à cet égard extrêmement significatif et inquiétant. Tout se passe comme si le pouvoir se préparait à des situations de « guerre civile ».

Le PS, là aussi, ne s'oppose pas frontalement à cette dérive militariste. Quand des émeutes ont secoué les « cités » de la France en 2005, ils ont voté l'État d'exception, puis se sont ravisés. Depuis, quand des troubles se produisent, ils renvoient dos-à-dos forces policières et éléments délinquants, sans jamais remettre en perspective la profonde unité de la politique étrangère marquée par un infléchissement atlantique avéré et les nouvelles dispositions de la politique d'immigration. Pourtant le message est clair : l'ennemi c'est le non-Occidental. En fait, le PS n'a jamais fait retour sur son passé colonial. La place ridicule qu'il réserve à des candidats issus de l'ex-empire colonial français est à cet égard significative. Pour lui, ces militants font perdre des voix… !

Ainsi la victoire de Sarkozy marque le déclin et l'exténuation de la lutte politique, opposant deux camps aux intérêts irréconciliables. N'existe plus qu'une bataille entre équipes rivales d'une même oligarchie. Dans la guerre des idées, le parti de l'émancipation est quasiment anéanti, car a presque disparu le moindre espoir d'une possible alternative à la domination totale.

C'est pourquoi il est inexact d'affirmer, comme le fait Marcel Gauchet dans la dernière livraison du *Débat* tirant les leçons de l'élection présidentielle « *que l'élection de Sarkozy est une élection démocratique comme rarement dans l'histoire. Elle a permis à la masse des citoyens de se reconnaître dans les choix qui leur étaient présentés* ».

Si le choix était aussi clair et tranché, comment comprendre la politique d'ouverture pratiquée par Sarkozy et son succès relatif ?

Le PS a beau crier au débauchage et se plaindre que ce n'est pas conforme à l'exercice de la démocratie qui exige un bipartisme clair et, à bout d'arguments, considérer que ses dirigeants qui se sont engagés derrière Sarkozy sont des traîtres, il sait bien qu'il ne convainc personne. La vérité est beaucoup plus simple : si l'ouverture marche, c'est tout simplement parce qu'entre la majorité présidentielle et le PS les points d'accord sont beaucoup plus nombreux que les points de désaccord. Au fond, le PS ne demande qu'à faire ce que fait son parti frère allemand : une « grande coalition », parti unique d'un nouveau genre pour régime oligarchique qui s'invente dans toutes « les grandes démocraties occidentales de marché ». Cette tendance inquiète Marcel Gauchet qui, dans l'article du *Débat* où il se félicite de la vigueur démocratique attestée par l'élection présidentielle, n'hésite pas, se contredisant quelque peu, à prévoir une issue assez dramatique à ce tour de passe-passe démocratique. « *L'état de grâce dont bénéficie Sarkozy pourrait déclencher, en cas de déception profonde, une vraie crise de régime qui serait surtout une crise morale dramatique.* »

La revue *Esprit* pose à peu près le même diagnostic, à ceci près qu'elle accorde au phénomène Sarkozy une plus grande fécondité dans la mesure où il représenterait une recomposition de la classe dirigeante et inventerait un autre style de gouvernance, mélange de technique entrepreneuriale et de coaching sportif, qui peut séduire une large fraction de la population désireuse d'efficacité et seulement intéressée par sa situation individuelle.

Reste donc la question : que faire ? Accompagner le mouvement de la mondialisation, le considérant comme un fait irréversible, mais que l'on peut réguler. Il s'agirait alors, en acceptant le paradigme fondamental de la domination des marchés, d'inventer une politique économique supportable et durable, c'est-à-dire et à la fois qui prenne soin des ressources rares de la planète et procède à la distribution minimum des biens aux vivants. Ce projet biopolitique, synthèse écologico-sociale démocrate, pourrait ressembler un arc dont « la coalition arc-en-ciel » en Italie offre un modèle et qui, en France, serait incarné par des personnalités allant de Strauss-Kahn à Bayrou et les écologistes modérés, en passant par Ségolène Royal et même Fabius.

Ce scénario a bien peu de chance de se réaliser car les forces qui ont rendu possible la mondialisation et entendent la développer à leur profit ne sont nullement disposées au compromis. Elles ne plieront que devant une force au moins égale à la leur et qui s'y oppose radicalement.

Quelques-uns – peu – y sont déterminés. Le parti de la domination les présente comme des extrémistes. Périodiquement des commentateurs s'étonnent de la persistance et de la vigueur de ce courant de pensée dont l'influence culturelle dépasse malheureusement le poids électoral. Beaucoup d'explications sont proposées pour comprendre cette bizarrerie française. Marcel Gauchet en propose une dans l'article précité. *« La force de l'extrême gauche relève de l'ordre d'un noyau anthropologique dans la culture politique de la gauche française : le sentiment d'une supériorité morale. »*

Mais non, cher Marcel Gauchet, aucune supériorité morale, simplement comme s'y efforça toute sa vie Hannah Arendt, *« penser ce qui vient ? »*.

Passé colonial et identité nationale : sur la rhétorique de Nicolas Sarkozy

Olivier Le Cour Grandmaison

« *Le rêve européen a besoin du rêve méditerranéen. Il s'est rétréci quand s'est brisé le rêve qui jeta jadis les chevaliers de toute l'Europe sur les routes de l'Orient, le rêve qui attira vers le Sud tant d'empereurs du Saint Empire et tant de rois de France, le rêve qui fut le rêve de Bonaparte en Egypte, de Napoléon III en Algérie, de Lyautey au Maroc. Ce rêve ne fut pas tant un rêve de conquête qu'un rêve de civilisation.* » Ayant parcouru d'un pas vif plusieurs siècles d'une histoire réputée grandiose, le même ajoute : « *Faire une politique de civilisation comme le voulaient les philosophes des Lumières, comme essayaient de le faire les Républicains du temps de Jules Ferry. Faire une politique de civilisation pour répondre à la crise d'identité, à la crise morale, au désarroi face à la mondialisation. Faire une politique de civilisation, voilà à quoi nous incite la Méditerranée où tout fut toujours grand, les passions aussi bien que les crimes, où rien ne fut jamais médiocre, où même les Républiques marchandes brillèrent dans le ciel de l'art et de la pensée, où le génie humain s'éleva si haut qu'il est impossible de se résigner à croire que la source en est défini- tivement tarie. [...] Il suffit d'unir nos forces et tout recommencera.* » Quel est l'auteur de cette fresque singulière ? Qui a lu ces lignes prétendument inspirées alors qu'elles réhabilitent une vulgate ancienne destinée à légitimer les « aventures » impériales de la France ? Un ministre des colonies de la Troisième République ? Un membre de la défunte Académie des « sciences coloniales » ? Un nostalgique de l'Algérie française ? Non, l'auteur de cette prose, aussi mythologique qu'apologétique de la colonisation, n'est autre que Nicolas Sarkozy, lequel a prononcé ces fortes paroles en tant que ministre candidat lors d'un meeting tenu à Toulon le 7 février 2007 au cours de la campagne pour l'élection présidentielle. Eu égard à la personnalité de l'orateur et aux responsabilités qui sont aujourd'hui les siennes, de telles déclarations sont sans précédent depuis la fin du conflit algérien. Jamais le candidat de la principale formation politique de la droite parlementaire n'avait entrepris de restaurer ce passé en de semblables termes. Magnifique cas d'école ! Il soulève de nombreuses questions sur les usages politiques de l'histoire, sur les moyens discursifs utilisés pour l'exploiter et tenter de la convertir en un pouvoir exercé sur l'actualité immédiate comme sur l'avenir. Intéressants mouvements qui transgressent en permanence la frontière entre passé et présent, et mêlent constamment le présent au passé, et le passé au présent, si bien qu'au terme de ce processus, sans terme véritable en fait, émerge un passé-présent, un passé fait et exploité pour le présent, et un avenir qui est réputé s'éclairer de ce passé recomposé puisqu'il doit en être la continuation volontaire et courageuse.

Comparée au discours impérial républicain forgé sous la Troisième République, la permanence des procédés rhétoriques employés est remarquable. Ils consistent à établir une tradition admirable qui, est-il affirmé, court des Croisades à nos jours en passant par l'époque prestigieuse des Lumières et « *l'âge d'or* » des colonies conquises à la fin XIXᵉ et au début du XXᵉ siècles. Surgit alors l'image d'une France pourvue d'origines prestigieuses parce que lointaines, car cette profondeur historique, supposée remonter à dix siècles, est tenue pour être le privilège des vieilles et des grandes nations ; ce grâce à quoi il est possible de les distinguer des autres que l'on dit plus jeunes, donc nécessairement moins illustres. Au fondement de ce « *dispositif* [1] », qui mobilise un certain savoir, une série d'énoncés et plusieurs procédés, il y a, entre autres, l'indexation du prestige de la nation sur la tradition multiséculaire construite à l'instant. Principe élémentaire de distinction qui permet de tracer une frontière

---

1. M. Foucault. « Le jeu de Michel Foucault » (Entretien) in *Dits et Ecrits II, 1976-1988*, Paris, Gallimard, 2001, p. 299. « *Le dispositif*, soutient-il, *est toujours inscrit dans un jeu de pouvoir, mais toujours lié aussi à une ou à des bornes de savoir, qui en naissent mais, tout autant, le conditionnent. C'est ça, le dispositif : des stratégies de rapports de force supportant des types de savoir, et supportés par eux.* » *Idem*, p. 300.

sûre entre les « grandes » et les « petites » nations, et de les inscrire dans une hiérarchie du vénérable et de l'admirable reposant sur l'ancienneté. De là cette inversion des critères d'évaluation où la jeunesse, tant vantée parfois pour son dynamisme et quelques autres de ses caractéristiques supposées, est dévalorisée, cependant que la vieillesse, négativement connotée en raison du réseau de correspondances qui la relie au déclin et à la mort, brille d'un éclat renouvelé, puisqu'elle est synonyme de majesté, d'expérience et de puissance ; toutes condensées dans une permanence qui atteste ces qualités en même temps qu'elle les révèle au monde. C'est donc la persévérance de la France qui dit de manière irréfragable la gloire de cette nation capable de traverser plus de mille ans d'histoire sans jamais disparaître.

Comment expliquer ce phénomène que l'on dit sans équivalent et qui se trouve au cœur de la rhétorique bien connue de l'exception française ? Vieille question. La « *mythidéologie* [1] », exploitée ici par Sarkozy mobilise un principe explicatif et de jugement qui emprunte beaucoup aux valeurs aristocratiques. Grande est la nation parce qu'elle dispose de fort lointains ancêtres qui, dotés de qualités hors du commun, l'ont forgée puis perpétuée. Surgit ainsi une généalogie remarquable où se succèdent des hommes d'exception venus d'horizons religieux, politiques et philosophiques les plus divers, mais tous soucieux de défendre et porter au loin la civilisation qu'ils incarnent. Il en est du prestige des nations comme du prestige des nobles familles : leur respectabilité s'apprécie à l'aune de leurs ascendants qui doivent dessiner un arbre majestueux pourvu de racines se perdant si possible dans la nuit des temps. Telles sont quelques-unes des conditions nécessaires pour que certains événements du passé se transforment en une tradition vénérable, qui devient une source inépuisable de gloire et de renommée ; elles rejaillissent alors sur ceux qui prétendent prolonger cette généalogie, et ces derniers sont réputés grands

---

1. Néologisme emprunté à M. Détienne. *Comment être autochtone. Du pur Athénien au Français raciné*, Paris, Seuil, 2003, p. 11.

par cela que leurs ancêtres ont été resplendissants. La tradition ainsi élaborée devient la grande opératrice grâce à laquelle des histoires fragmentées, dispersées et, *a priori*, peu cohérentes se muent en une Histoire exemplaire. En ces matières, rien ne se perd, tout se transmet d'âge en âge puisque le prestige, et les effets qu'il produit, sont entièrement dépendants de l'héritage historique et symbolique antérieur ; plus celui-ci est imposant, plus ceux-là seront éclatants, et plus les contemporains pourront s'en réclamer en puisant dans cette situation des avantages significatifs. Ainsi décrite par les mythe-idéologues, la France surpasse tous les autres pays puisque son histoire, plus que millénaire, est peuplée d'hommes fiers et valeureux.

Au principe de la constitution du passé colonial de la France en tradition puis en « *histoire monumentale* », se trouvent plusieurs opérations distinctes mais liées, comme en témoignent les propos de Nicolas Sarkozy. Tout d'abord, il y a ce qu'on pourrait appeler l'extrême contraction de la chronologie, la confusion des temps en fait, puisque mille ans d'histoire sont ramassés en quelques phrases qui permettent d'établir, par-delà la discontinuité radicale des périodes citées, les changements de sociétés et de régimes et la très grande diversité des acteurs, une continuité fictive mais remarquable entre les événements du Moyen Age, ceux de l'époque moderne et contemporaine et l'actualité enfin. Plus précisément, c'est en « *escamotant une foule de différences* » essentielles que « *l'homologie* [1] », qui est au cœur de cette reconstruction, permet de faire croire en l'accomplissement d'un dessein ancien, unique et prestigieux. Dessein inlassablement poursuivi par les hommes qui, depuis cette période pourtant si reculée des Croisades jusqu'à nos jours, auraient partagé une seule et même ambition : faire triompher la France, ses valeurs et sa civilisation sur le théâtre du vaste monde. Deux procédés distincts mais complémentaires sont ici employés : le premier repose sur une lecture rétrospective

---

1. F. Nietzsche. « De l'utilité et des inconvénients de l'histoire pour la vie », in *Considérations inactuelles I et II*, textes et variantes établis par G. Colli et M. Montinari, traduction de P. Rusch, Paris, Gallimard, 1990, p. 106.

des événements et des mobiles des acteurs, puisque les uns
et les autres sont interprétés à la lumière des temps présents ;
le second sur une conception volontariste et téléologique du
devenir historique car, ainsi observé, il semble obéir à une force
puissante – celle des audacieux bâtisseurs du pays – et orientée
par la quête inlassable de colonies d'abord et d'un empire
ensuite. Alors, des réalités et des formations historiques, dont
les singularités sont niées, se muent en Histoire de France
cependant que *Clio* est couchée dans le lit de Procuste de la
« mythidéologie » nationale désormais peuplée de héros qui,
par amour de la nation, n'ont cessé de porter au loin leurs
idéaux. Comme l'écrit Nietzsche, « *l'histoire monumentale* »
n'a « *que faire* » de la « *fidélité absolue ; toujours, elle rapprochera,
généralisera et finalement identifiera des choses différentes, toujours
elle atténuera la diversité des mobiles et des circonstances pour
donner une image monumentale* [1]. » Ainsi s'éclairent les raisons
pour lesquelles ceux qui procèdent de la sorte ne cessent de
puiser dans le registre convenu de « *l'histoire-bataille* » et dans
celui de « *l'histoire des grands hommes* » réputés avoir fait cette
histoire, justement, en sachant qu'ils la faisaient pour défendre
et perpétuer la glorieuse tradition nationale que l'on sait.

Enfin, plus cette dernière est imposante parce qu'ancienne,
plus il est possible de la convertir en une « *histoire édifiante* [2] »
laquelle grandit les responsables politiques qui affirment s'en
inspirer pour bâtir un monde digne de cette splendeur passée
dont on comprend mieux pourquoi elle ne saurait passer ; ce
serait trahir les ancêtres prestigieux dont l'œuvre vient d'être
rappelée. Outre qu'elle est supposée élever donc, cette histoire
a aussi pour fonction essentielle de susciter l'admiration et
l'amour de la France réputée si profuse en événements et en
personnages remarquables, et de restaurer ce faisant la fierté
d'être Français, celle-là même qui serait menacée par la situation
du pays et le rappel des crimes commis pendant si longtemps
dans les territoires de l'empire. Ainsi mobilisée, « *l'histoire*

---

1. *Idem.*
2. J.-F.. Lyotard, *Heidegger et « les juifs »*, Paris, Galilée, 1988, p. 23.

édifiante » devient un vaste *pharmakon* riche en remèdes susceptibles d'aider à soigner les maux présents qui se nomment, selon Nicolas Sarkozy et beaucoup d'autres, « mondialisation », « désarroi », « crise d'identité », « crise morale » et résignation. Là où des troubles de cette sorte sont réputés exister, là où prospèrent des inquiétudes diverses engendrées par la permanence d'un chômage de masse et la dégradation des conditions de vie et de travail d'un nombre croissant d'individus qui tendent à ruiner tout espoir, là où l'unité nationale est attaquée, dit-on, par la multiplication de revendications « communautaristes » perçues comme de graves périls intérieurs qui s'ajoutent aux menaces extérieures, « *l'histoire édifiante* » en général, et l'histoire coloniale en particulier, revisitées par les apologues de l'empire, offrent des certitudes apparentes. De plus, toutes deux sont la source d'affects positifs – l'amour et l'admiration – parce qu'ils sont pensés comme des antidotes puissants aux différentes passions tristes et collectives qui viennent d'être énumérées. Mieux, ayant la France et son passé pour objets, ces affects se convertissent en estime de soi et en fierté puisées dans la conviction, qui semble historiquement fondée, de vivre dans un pays à l'histoire remarquable. Les citoyens qui sont pris dans cette dynamique affective s'aiment d'aimer cette contrée, et aiment cette contrée qui leur permet de s'aimer de nouveau. Enfin, c'est essentiel pour comprendre les ressorts du charisme, cet amour et cette admiration se portent également sur l'homme qui incarne à leurs yeux cette réhabilitation de la France et d'eux-mêmes car il les aide à oublier humiliations, déceptions et inquiétudes. Ainsi s'instaurent des rapports affectifs forts entre Nicolas Sarkozy et ceux qui approuvent son discours auquel ils adhèrent d'autant plus qu'ils aiment son auteur pour les raisons exposées. Adhérer doit être pris ici dans tous les sens du terme. Relativement au cas particulier qui nous occupe, il signifie être convaincu par la rhétorique néo-impériale de ce dirigeant et être attaché à sa personne par des liens singuliers faits d'amour, d'admiration et de « *reconnaissance* » nés de « *l'enthousiasme* » et de « *l'espoir* [1] » suscités par l'objectif qu'il défend : reconstruire une France respectée conforme à ce qu'elle a toujours été, selon lui. Il fut un temps où beaucoup affirmaient que, du passé, il fallait faire table rase, pour mieux se soustraire à sa puissance conservatrice qui faisait peser sur la mémoire et les pratiques des vivants le souvenir aliénant des morts, et pour fonder une société à nulle autre pareille puisqu'elle serait d'une radicale nouveauté, croyaient-ils. Désormais, c'est dans le passé magnifié que certains puisent leurs convictions pour tenter d'éclairer les lendemains. Les uns pensaient pouvoir mieux maîtriser le futur en se débarrassant d'un passé encombrant et nuisible à l'émancipation pour laquelle ils affirmaient combattre ; les autres restaurent au contraire ce passé pour mieux le perpétuer, auquel ils vouent un culte qu'ils croient original.

Sous couvert d'audace, de rupture et de modernité, on assiste à la reviviscence des lieux communs les plus convenus, à l'instrumentalisation démagogique de l'histoire, au sens propre du terme puisqu'il s'agit de flatter les multiples passions que l'on sait, et à la réhabilitation réactionnaire du discours colonial élaboré par les fondateurs de la Troisième République, entre autres. Triomphe de la nation enfin libérée des divisions supposées l'affaiblir, réprobation de la pensée et de la recherche dès lors que celles-ci ne confortent pas les images d'Épinal de nouveau employées, condamnation des différends et stigmatisation des hommes et des femmes réputés entretenir ces derniers cependant que claque le drapeau bleu-blanc-rouge et que la Marseillaise retentit pour stimuler plus encore l'amour et la fierté indispensables à ses retrouvailles nationales, promesses d'une force, d'un rayonnement et d'un prestige retrouvés. « *La France, la France au-dessus de tout* » et dans le cœur de tous puisque tous, en vertu d'une unanimiste et antidémocratique injonction, sont sommés de l'aimer sous peine d'être stigmatisés

---

1. M. Weber. *Économie et société*. T. 1. *Les catégories de la sociologie*, traduit par J. Freund, E. de Dampierre et *alii*, p. 321. « *Être français, c'est se sentir l'héritier d'une seule et même histoire dont nous avons toutes les raisons d'être fiers* », soutient Sarkozy. Rubrique « Français » *in* Sarkozy.fr

comme de mauvais citoyens ou comme des étrangers indignes de demeurer plus longtemps sur son territoire. L'amour exigé d'un côté, la menace de l'expulsion brandie de l'autre ; deux faces d'une même politique où la seconde est la vérité de la première puisqu'il s'agit d'intimider pour faire taire. « *Étroitesse et vanité nationales* » qui prospèrent sur le « *trafic des idéaux, ces très fortes boissons de l'esprit* », et sur celui des espérances si longtemps trahies cependant que grâce aux « *discours grandiloquents* » et pleins de « *bons sentiments* [1] », rédigés par Henri Guaino – « *ce crayon qui se prend pour une plume* » selon le bon mot d'un député de la majorité –, le chef de l'État se donne des airs de sauveur. Puissance de la démagogie qui teinte des couleurs de l'espoir la grisaille des temps présents.

Post-scriptum.

Les déclarations de Nicolas Sarkozy à l'université de Mentouri à Constantine le 5 décembre 2007 semblent avoir tempéré ses envolées néo-impériales antérieures puisqu'il affirmait que « *le système colonial était injuste par nature* » et qu'il « *ne pouvait être vécu autrement que comme une entreprise d'asservissement et d'exploitation* [2]. » Revirement ? Lucidité tardive ? Reconnaissance implicite des crimes contre l'humanité et des crimes de guerre commis par la monarchie de Juillet puis par plusieurs républiques au cours des cent trente-deux ans de « présence française » en Algérie comme certains osent encore l'écrire en usant de cette langue délicatement euphémisée destinée à faire oublier les méthodes employées par l'armée lors de la conquête, de la colonisation et du dernier conflit ? Démagogie, opportunisme et mise en scène, encore et toujours. De même que le Président flatte les passions populaires, comme on dit, il

1. F. Nietzsche, *La Généalogie de la morale*, textes et variantes établis par G. Colli et M. Montinari, traduction de I. Hildenbrand et J. Gratien, Paris, Gallimard, 1995, p. 190.
2. « Discours de M. le Président de la République. Université de Mentouri. Constantine – Mercredi 5 décembre 2007. » Site Internet de la « Présidence de la République. »

sait aussi jouer avec les sentiments de ses homologues étrangers lorsque des contrats importants, dont il s'attribue le mérite, sont en jeu. En Chine, le problème des droits de l'homme ne fut pas évoqué et l'inutile secrétaire d'État, Rama Yade, supposée les défendre, sommée de rester à Paris pour ne pas compromettre les résultats de ce voyage officiel. C'est à l'aune de cette politique extérieure mercantile, que nulle rupture n'est venue réformer, qu'il faut interpréter les déclarations de Constantine. Elles ne sont que des moyens cyniquement mis au service d'une fin : la promotion de l'industrie nationale à quoi s'ajoute le désir de rehausser le prestige d'un président-voyageur représentant de commerce supposé être au service du pays, de ses entreprises et des Français. Le succès économique et financier de ce séjour en Algérie exigeait quelques concessions verbales ; ainsi fut fait. Mais comme tous les démagogues, Nicolas Sarkozy ignore la contradiction, ce pour quoi il peut dire tout et son contraire. En ces matières, rien ne l'engage et son principe est de n'en avoir pas. À preuve, le même qui a prononcé les paroles précitées dirige un État qui est le seul, parmi les anciennes puissances impériales européennes, à avoir juridiquement sanctionné une interprétation mensongère et officielle de son passé colonial par la grâce de la loi du 23 février 2005, toujours en vigueur en dépit du retrait de l'article 4. Pour les amateurs d'exception française, en voilà une remarquable, mais sinistre. Rappelons la rédaction de l'article premier de ce texte : « *La Nation exprime sa reconnaissance aux femmes et aux hommes qui ont participé à l'œuvre accomplie par la France dans les anciens départements français d'Algérie, au Maroc, en Tunisie et en Indochine ainsi que dans les territoires placés antérieurement sous la souveraineté française.* [1] » À vous, fiers bâtisseurs de l'empire qui avez laissé dans ces contrées lointaines les traces toujours visibles de la grandeur

---

1. Loi n° 2005-158 du 23 février 2005 « *portant reconnaissance de la Nation et contribution nationale en faveur des Français rapatriés* », *Journal officiel* n° 46 du 24 février 2005. (Souligné par nous.) À des journalistes qui l'accompagnaient, N. Sarkozy déclarait : « *Quand vous circulez dans les rues d'Alger, il n'y a pas matière à s'excuser. On voit bien qu'à l'intérieur du système colonial que je dénonce, il y a des gens qui ont fait des choses bien.* » Libération.fr, jeudi 6 décembre 2007.

de la France, la patrie reconnaissante donc. Nicolas Sarkozy pense ce qu'il a déclaré et prétend faire ce qu'il dit? Qu'il le prouve en demandant à son diaphane Premier ministre et à sa majorité soumise d'abroger cette législation scélérate. Quant aux députés de l'opposition, qu'ils déposent, sans plus attendre, une proposition de loi en ce sens. Tous, nous les jugerons sur leurs actes, pas sur leurs déclarations.

La France dedans dehors

Jocelyne Dakhlia

Comment ne pas vouloir l'Europe ? Comment ne pas plaider pour moins de frontières, moins de nationalisme, plus de liberté de circuler – sans même évoquer la question d'un contrepoids politique aux États-Unis ? Dès 1992, néanmoins, il apparaissait que la construction de l'Europe ne s'effectuerait qu'au prix d'une plus grande fermeture à l'immigration non européenne, et qu'elle conduirait à une apologie identitaire excluant de plus en plus sévèrement les populations méditerranéennes ou subsahariennes immigrées en France et plus largement en Europe, celle-ci verrouillant ses accès par le sud. La chute du mur de Berlin réorientait alors tous les regards vers l'Est européen, un Orient européen, un Orient interne, si l'on ose dire, au détriment de la Méditerranée musulmane. La construction de l'Europe, l'invention d'une nouvelle identité collective induisaient ce repli et la fermeture progressive des frontières externes.

Bien avant qu'al Qaeda ne fasse parler d'elle, bien avant que l'Islam ne représente une menace terroriste pour le reste du monde, l'Europe s'est donc pensée comme une forteresse assiégée, remettant en cause le principe même de l'asile politique. De telles situations de verrouillage politique ont été évidemment poussées à leur paroxysme par le choc du 11 septembre 2001, mais aussi par la banalisation, bien antérieure, d'une double vision du monde, à la fois sous le signe de la tectonique des plaques, de blocs insécables qui se heurtent, et sous le signe d'une culturalisation croissante de ces blocs. Huntington n'est peut-être que l'analyste qui a conféré la formulation la plus brutale à ce double mouvement. Chacune de ces façons d'envisager le monde (guerre des blocs, partage des cultures) est ancienne ; c'est leur conjonction et la banalisation d'une agonistique culturelle qui sont nouvelles.

Au temps de la Guerre froide, le monde était bien conçu comme un double ensemble de plaques qui s'entrechoquaient, mais les pièces du puzzle étaient politiques. Quant à la division politique du monde en cultures, elle n'est certes pas neuve, mais la fin de l'ère impérialiste avait imposé une sorte de relativisme culturel universel : la référence à la culture connotait surtout, et par principe, le respect de l'autre, et ce n'était pas, ou plus, dans les termes de la culture que se pensaient l'affrontement, la concurrence ou le conflit. Sans doute ce consensus était-il fragile. On sait à quel point, dans nombre de sociétés européennes, la défense du droit à la différence a consacré à rebours de toutes les bonnes intentions un *a priori* de la spécificité culturelle, avec toutes les conséquences politiques que pouvait entraîner ce marquage distinctif.

L'argumentation qui se développe actuellement pour refuser, en dépit de son dynamisme économique, l'entrée de la Turquie dans l'Union européenne le montre bien. Ce sont des arguments bien plus souvent culturels, politiques ou même « géographiques », que de rationalité économique, que l'on met en avant pour refuser cette intégration : soit on invoque l'héritage des Lumières et l'enracinement démocratique des États européens, histoire à laquelle la Turquie et le monde islamique en général seraient demeurés étrangers ; soit on se réfère à une tradition chrétienne englobante pour repousser le principe de l'intégration d'États musulmans de manière plus générale – l'Albanie, après tout, n'est-elle pas aussi dans l'Europe ? C'est la résurgence de cette argumentation chrétienne, explicite ou larvée, qui doit aujourd'hui nous alerter et susciter une réaction lucide et vigilante. Les motifs culturels s'effacent, en effet, devant des déterminations religieuses, ou bien encore l'argument culturel tient lieu, de manière euphémique, métonymique, d'objection religieuse.

Certes, la mobilisation islamiste à l'échelle du monde paraît justifier ce double changement d'échelle et d'argumentaire des affrontements géopolitiques ; elle paraît justifier l'érection de barrières ou l'invocation, sans états d'âme, d'un

« principe de précaution » sanitaire ; mais il apparaît que la « confessionnalisation » du débat géopolitique est largement réciproque et partagée : c'est aussi à un durcissement interne à l'Europe, à une inflexion interne aux sociétés européennes que répond l'activisme islamiste, sur certains plans au moins. L'élargissement récent de l'Europe conduit celle-ci, en effet, à rechercher son plus petit commun dénominateur, à s'inventer une identité commune, d'ailleurs conçue comme une reconstruction. L'ensemble de ce processus au long cours induit ainsi une rechristianisation des valeurs fondatrices de l'Europe et, même en France, patrie de la laïcité, les effets de cette recomposition se font instamment sentir dans le débat civique.

1. Un primat invasif du religieux

Oubliés les schismes et les fractures religieuses… Oubliée l'Europe musulmane, ottomane des Balkans, ou même l'Europe ibérique sous domination musulmane, que l'on ne conçoit plus qu'à l'aune d'un harmonieux équilibre communautaire, c'est-à-dire d'un rééquilibrage des puissances euphémisant la domination musulmane. Catholique, protestante ou orthodoxe, l'Europe est chrétienne avant tout. L'amorce d'un débat sur l'inscription des « *racines chrétiennes de l'Europe* » dans la Constitution européenne ne fut qu'un symptôme d'une évolution plus large vers la réassertion tacite de son identité chrétienne. À vrai dire, la référence aux racines « judéo-chrétiennes » de l'Europe refait aussi surface dans le débat intellectuel, après une période d'éclipse, correspondant peut-être à la prise de conscience du *melting pot* européen, dans le dernier quart du XXᵉ siècle. Il n'en demeure pas moins que l'essence de l'Europe serait strictement chrétienne. Malte, récemment entrée dans l'Europe, représente de la sorte un fleuron historique de la catholicité, et elle retrouve, sans que nul ne s'en offusque, son rôle consacré de rempart face à l'Islam, bloquant l'arrivée des *boat people*, leur refusant même l'accès à ses côtes ; nul n'a le mauvais goût de rappeler que la langue maltaise, langue européenne désormais, est à la base un dialecte arabe maghrébin.

De manière significative, on assiste, en effet, à un glissement de l'ancien racisme anti-Arabe, anti-Turc ou anti-Africain, vers une ligne de front plus uniment anti-musulmane. Les éléments profanes des cultures de la migration sont largement assimilés par les sociétés européennes contemporaines, sous la forme de biens de consommation relativement anodins, comme la musique ou la cuisine, ou comme des expressions d'une tension finalement (et heureusement) surmontée entre deux cultures. C'est ce que pourrait indiquer le succès, en Allemagne ou en France, du cinéma de Fatih Akin ou de Abdellatif Kechiche ; il s'agit de confirmer, quelle que soit la qualité intrinsèque de ces œuvres cinématographique, qu'il existe bien un « autre côté », que la frontière est bien là. Par une forme de déplacement très récent, le racisme est donc devenu à l'heure actuelle fonciè-rement anti-musulman, même si le terme « islamophobie » paraît problématique. Il paraît faire sens vers une réalité nouvelle, là où est probablement en jeu la réactivation d'un schème polémique bien plus ancien. Le fond du problème est donc bien celui de la religion, et en l'occurrence de l'islam, dont le caractère inassimilable, rétif, totalitaire, étranger en un mot, est souligné à l'envi. Autre temporalité, autre territorialité que celles de l'islam et des musulmans.

On se souvient avec quelle précipitation l'argument d'une manipulation religieuse avait été avancé lors de l'éclatement des émeutes de 2005 en banlieue parisienne, et de quelle manière la médiation de représentants religieux avait été rapidement et vainement tentée. Cet épisode confirmait une assignation au religieux des tensions civiques, dans la négation de leurs dimensions sociales, qui imprègne depuis peu l'ensemble de notre rapport au politique, et dans des domaines très divers.

Ainsi, souvenons-nous de l'épisode tragicomique de l'inter-vention du maire d'Evry, Manuel Valls, en 2002, dans la gestion d'une épicerie franchisée de la chaîne Franprix. En prétendant imposer une forme de couverture universelle du territoire français en porc et en alcool, le maire socialiste, sous couvert de lutte contre le communautarisme, faisait passer ce message que la seule manière d'être légitimement ou même licitement Français, était de manger du porc et de boire de l'alcool, d'être chrétien en un mot. C'est là un alignement tacite sur l'identité chrétienne de la France, qui méconnaît d'ailleurs d'autres traditions chrétiennes : la chaîne suisse coopérative Migros, par exemple, ne vend pas non plus d'alcool pour des raisons expressément éthiques, voire religieuses.

À bien des égards, on observe aussi que les responsables municipaux ou les pouvoirs publics, soit se laissent prendre au piège de représentants religieux soucieux d'apparaître comme des représentants « communautaires » et d'asseoir leur autorité, soit s'empressent, dans leur hâte de trouver des interlocuteurs légitimes, d'ériger eux-mêmes ces notables religieux en porte-parole autorisés d'ensembles confessionnels plus ou moins clairement identifiés. Ils mettent alors en pratique une communautarisation confessionnelle qu'ils dénoncent dans le même moment...

Relevons aussi et surtout la banalisation, dans le débat médiatique, de ces retours à la polémique théologique médiévale, à la *disputatio*, où, sous couvert d'un « dialogue » affiché, selon le cas, comme interreligieux ou intercommunautaire, on fait débattre des représentants patentés, sinon toujours officiels, des trois branches du monothéisme, christianisme, judaïsme et islam... Ces initiatives ne sont certes pas blâmables, mais elles accréditent de manière croissante et insidieuse des termes religieux du débat politique. Elles contribuent à une dépolitisation pure et simple des enjeux– le conflit israélo-palestinien, notamment, dans ses retombées en France, se voyant transposé en affrontement confessionnel. Elles enracinent d'autre part l'idée d'une vérité essentielle inhérente à chaque religion et détenue, au fond, par chaque « vrai » croyant.

Plus encore, on découvre de manière récente dans le débat intellectuel de véritables échos de la polémique théologique proprement médiévale, articulés par des intellectuels laïcs qui sont probablement assez loin d'assumer eux-mêmes cette filiation ou de la percevoir clairement. La dénonciation de la polygamie proférée par Hélène Carrère d'Encausse lors des émeutes de 2005 relève ainsi directement de cette tradition. De manière plus générale, la figure du Prophète de l'islam comme infâme et luxurieux polygame refait surface de plus belle. Sa représentation sur un corps de chien, tout récemment, dans une caricature suédoise, s'inscrit aussi dans le droit fil de cette tradition d'exécration théologique. Il n'apparaît loisible de penser à l'islam, par conséquent, que dans un rapport de tension et d'externalité – y compris dans la modalité irénique du dialogue interreligieux.

La mobilisation si consensuelle de l'opinion française et européenne pour la cause des femmes musulmanes ne s'explique de la sorte que parce qu'on les imagine idéalement comme des victimes désignées de l'islam, et donc comme *en dehors* de la foi musulmane (ainsi que l'actualisent au plus haut degré Taslima Nasreen ou Ayaan Hirsi Ali). Les femmes représentent ainsi les bonnes élèves de l'intégration musulmane, y compris sur le plan scolaire, parce qu'elles seraient simplement des otages de l'islam, en attente d'être libérées. Et lorsque des musulmanes assument au contraire une position *dans* l'islam, soit elles sont inaudibles (ce qui est presque le cas de Shirine Ebadi), soit elles suscitent l'incompréhension ou le drame, comme l'exprime, quoiqu'on en pense sur le fond, l'intolérance sur le port du voile.

Tout combat pour les femmes est juste, mais n'y a-t-il pas là le risque de se dédouaner à bon compte d'une tradition monothéiste qui, dans son ensemble, consacre l'infériorité du féminin et peine à se remettre en cause sur ce plan ? Sans misérabilisme ni perspective aucune de réhabilitation, on constate le déplacement systématique et récent sur l'islam de tous les maux anciennement assignés au christianisme par la pensée anticléricale : misogynie, homophobie, antisémitisme, fanatisme… Il n'y manque au fond que la pédophilie des prêtres… Cette charge, aussi fondée soit-elle à différents égards, est si consensuelle qu'elle risquerait de faire oublier que ces vieux démons de l'Europe ne sont pas morts, et risquent même de renaître de plus belle. Que l'on en juge par le cas de la Pologne catholique,

qui a donné récemment les mêmes gages d'antisémitisme,
d'homophobie et de misogynie active, par sa position radicale
contre l'avortement...

Ce qui est en cause dans cette mobilisation récente contre
l'islam est donc un phénomène classique, banal, de bouc
émissaire, mais aussi et surtout, et ce point doit peut-être
davantage nous alerter, nous inquiéter, une assignation du mal
(mal social, politique, éthique...) à un lieu *externe*. L'islam, dans
cette perspective, soulève un problème spécifique en ce qu'il
renverrait à une histoire par essence étrangère à celle de la France
et de l'Europe. Il y a là pour l'historien une illusion totale, une
situation d'ignorance criante : la reconfiguration en cours de
l'Europe amplifie soudainement et systématise aujourd'hui un
phénomène de déni séculaire et consacre un impensé.

2. Ceux qu'on ne veut plus voir

Face à une culturalisation et surtout une confessionnalisation agressives et réciproques des relations entre l'Europe
et la Méditerranée islamique, il faut d'abord réagir à l'illusion
d'un développement historique séparé de l'Europe et de la
Méditerranée musulmane. Depuis l'Antiquité, les sociétés du
pourtour méditerranéen sont coextensives l'une à l'autre, dans un
rapport de continuité et d'imbrication constantes ; elles ne sont
pas seulement des sociétés en contact ou même en interaction. On
peut s'étonner de la difficulté que nous éprouvons aujourd'hui
à prendre en compte une réalité si simple : les circulations, les
mouvements des hommes, les migrations, libres ou forcées, ne
sont pas une réalité du présent. Au delà même de la Méditerranée,
toute société, toute culture est d'emblée mixte et brassée,
même lorsqu'elle choisit de l'oublier, ou même lorsque, dans
le regard de l'étranger, du voyageur, de l'observateur externe,
ses différences internes s'avèrent anecdotiques ou simplement
pittoresques, mineures, à l'aune de la « différence culturelle ». Il
ne s'agit pas de dissoudre le principe même de la culture, de
récuser totalement le mystère de la différence des cultures, mais
de comprendre qu'à la base de ce continuum qu'est la culture,

il y a aussi du mouvement, du brassage, de l'échange et donc des phénomènes d'indistinction et de coalescence. En d'autres termes, il faudrait pouvoir sortir d'une vision monadologique des cultures, alors que nous avons probablement aujourd'hui à la culture le rapport que nos grands parents avaient à la nation : par nature, par essence, les nations auraient été distinctes.

Or, l'appel à la distinction sur une base culturelle est aujourd'hui la revendication de l'Europe tout entière, et son support invisible, inavoué le plus souvent, est celui des « racines chrétiennes de l'Europe ». Nier cet héritage chrétien serait absurde et il n'y a pas lieu, pour cette raison, de se culpabiliser de chômer les dimanches, par exemple. Mais cette conscience ne doit pas non plus conduire à un déni d'histoire : l'Europe n'a pas découvert l'islam sur son propre territoire avec quelques visites d'ambassadeurs au Moyen Age ou à l'époque moderne. Les circulations, les migrations, libres ou forcées, furent intenses de part et d'autre de la Méditerranée. Les juifs, tout au long de l'histoire européenne, dans la stigmatisation, la persécution, de même qu'au fil d'une histoire plus paisible, ont pour leur part bénéficié d'une visibilité en tant que tels dans le paysage social, avant que la problématique incitative, autoritaire, et non plus spontanée, de l'assimilation ne mette en cause, précisément, cette visibilité. Par contraste, les musulmans présents en Europe jusqu'au moment colonial n'ont jamais pu donner lieu à cette visibilité. Soit ils étaient incités à une assimilation pure et simple, par le baptême au premier chef, disparaissant de la sorte, soit ils demeuraient transparents, invisibles dans l'espace public, l'espace civique. Des cimetières musulmans, ainsi, sont à peu près introuvables, pour ces périodes, alors que la présence de ces hommes et de ces femmes est bien avérée. De la sorte la confrontation de l'Europe à l'islam peut nous apparaître à bon droit comme un phénomène récent, alors qu'elle recouvre des siècles d'enfouissement du problème et de déni.

Un cas sans doute limite et qui mérite, à cet égard, réflexion, est celui du Danemark. À l'instar de la Suède, ce pays est le lieu d'une forte levée de boucliers contre l'islam, et l'on pourrait croire aisément qu'il s'agit d'une réaction à l'irruption d'une réalité nouvelle et d'une population nouvelle : une confrontation soudaine à l'islam suscitant l'intolérance. Mais la Scandinavie n'a pas découvert les musulmans avec l'immigration kurde ou irakienne de ces dernières années ni avec d'autres immigrations musulmanes. Le Danemark comme la Suède, grandes nations marchandes en Méditerranée, eurent, en particulier au XVIIIe siècle, d'étroites relations avec les sociétés musulmanes et y bénéficièrent de comptoirs, y expérimentèrent des situations de cohabitation bien documentées. Celles-ci eurent-elles leur équivalent sur le sol danois, par exemple ? Il est encore plus difficile de l'établir que pour le cas de l'Italie ou de la France, mais le point crucial qui ressort est bien celui de notre propension à oublier cette histoire longue, et à systématiquement traiter ce qui relève de l'islam comme étant *par nature* récent et intrusif.

Ce qui est en jeu est bien la difficulté de concevoir ensemble, conjointement, citoyenneté européenne et religion musulmane. Ainsi, la politique française actuelle des visas au Maghreb révèle l'inaptitude des pouvoirs publics français à comprendre qu'il s'agit là d'un rempart vexatoire passablement dissuasif, mais à terme illusoire. N'est-il pas acquis, du fait du droit de la nationalité, que des centaines de milliers d'Européens, que l'on ne peut se résoudre à dire « d'origine musulmane », ont le droit d'aller et venir en Méditerranée et transmettront ce droit ? N'est-ce pas le président Sarkozy lui-même qui s'était donné le ridicule d'appeler à renvoyer les émeutiers « chez eux » ? Comment mieux dire le refus de penser ces populations, dont le flou définitoire est calculé, comme françaises ?

Le terme même d'« intégration » marque bien cette problématique du dedans-dehors, puisqu'il conduit à laisser *sur le seuil* des gens qui sont pourtant nés en France et même nés Français, consacrant dans l'espace francais lui-même une solution de continuité territoriale. Ce processus de mise à distance est aussi ancien que peut l'être l'usage en France du concept d'intégration, hors du contexte colonial où il a pris naissance, mais il connaît, depuis quelque temps, une réactivation inquiétante, et marque une césure de plus en plus tranchée entre la nationalité et la citoyenneté. Paradoxalement, la question de l'intégration des musulmans, représentants d'une religion monothéiste, s'avère plus houleuse que celle des représentants de traditions religieuses plus radicalement autres : tant les Chinois que les Tamouls, par exemple, figurent communément de bons candidats à l'intégration... N'est-ce que par contraste ? Les Sikhs n'ont que brièvement inquiété l'opinion française en raison de leur turban, avatar du foulard. Quant aux migrants de l'Est européen, une fois surmontées les craintes qu'ils font peser sur le marché du travail, on n'observe pas que leur culture ni leur mode de pratique religieuse soient reçus comme un problème, alors qu'elles le furent, et ô combien, au tournant du XIXᵉ et du XXᵉ siècle, lorsque l'industrie et les mines du Nord recrutaient en masse en Pologne.

Seuls les musulmans inquiètent vraiment, par conséquent, alors même que d'autres immigrations pourraient être fort semblablement reliées, dans un passé très proche ou même dans le présent, à l'action politique violente, à la pratique du terrorisme... N'est-ce pas le cas des Tamouls pour en rester à cet exemple, ou même des Sikhs ? Sans doute l'héritage colonial pèse-t-il aussi sur ces préventions. L'islam pakistanais, par exemple, ne suscite guère d'émoi en France, ce sont les musulmans originaires des anciennes colonies françaises qui inquiètent au premier chef. Mais l'argument colonial par lui-même est trop court. Les opposants à toute posture d'expiation du passé colonial ont beau jeu de rappeler que l'immigration vietnamienne n'a jamais produit de difficultés majeures pour la société française. On se voit donc requis, par-delà le schème colonial, d'interroger ce caractère prétendument inassimilable du musulman, et l'incohérence d'une identité française *et* musulmane, hiatus sur lequel tant d'analystes brodent à l'infini sans toujours le formuler si abruptement comme tel.

Il faut alors à un moment donné faire l'hypothèse que cette résistance s'ancre dans une vérité passablement inarticulée, sinon inconsciente. Une religion qui ose se penser comme un dépassement du christianisme et comme la fin du monothéisme, n'est-ce pas cela qui serait, au fond, inaudible, impensable ou intolérable, aujourd'hui comme par le passé? Le soubassement de cette récusation de l'islam serait-il, en dernier recours, théologique? Cette hypothèse nous renvoie à une position de l'islam, assumée dans la théologie chrétienne, qui est une position quasi intérieure. L'islam, en effet à maints égards ou selon divers théologiens relèverait d'une forme d'hérésie, c'est-à-dire d'un dévoiement interne: Mahomet était un hérétique. Illusion par conséquent que son altérité radicale, mais il n'en est que mieux tenu à l'écart, sur le seuil; l'hérétique est voué à l'excommunication ou à l'expulsion (oublions le bûcher). La récente réaffirmation de l'identité chrétienne de l'Europe a-t-elle réactivé ce schème du dévoiement interne?

L'islam est une caricature du christianisme? On caricature l'islam (et tant pis pour les musulmans s'ils ont le poil sensible). Le « rejeu » d'une séparation interne du pur et de l'impur, de ce qui est conforme et de ce qui ne l'est pas, « pas très catholique » ou pas très « orthodoxe » ne concerne d'ailleurs pas que l'islam. On observe que diverses composantes de la société française se sont trouvées récemment rappelées, de manière plus ou moins appuyée, à leur allochtonie supposée ou à un défaut de filiation. L'exemple est sans doute moins connu mais, sur le plan municipal, les difficultés que rencontrent les musulmans dans l'obtention de lieux de culte non seulement décents, mais d'une surface appropriée à l'expansion de leur pratique religieuse, sont très semblables à celles que rencontrent en France les évangélistes, qui ont aussi à cet égard des besoins de lieux cultuels mal satisfaits. Ces protestants affrontent similairement la défiance ou l'hostilité des édiles. La crainte d'un trouble à l'ordre public est d'ailleurs semblablement mise en avant dans les deux cas.

Le cas des musulmans comme ensemble de groupes ascriptifs subissant les retombées d'une forme d'épure identitaire n'est donc pas unique, même si d'autres formes récentes d'intolérance sont moins clairement argumentées. De manière plus générale, une tendance à l'amalgame rhétorique, phatique, envahit le discours civique et le débat politique. Les lieux flottants, les signifiants flottants se banalisent. Il en est ainsi, notamment, des appels à lutter contre la violence à l'égard des femmes dans les « quartiers », douteux euphémisme. Un non-dit de l'islam est assurément entendu dans le soutien que rencontrent ces mobilisations, quand bien même ce combat anti-musulman ne serait pas explicitement celui des milieux associatifs engagés dans cette cause. Ce flou territorial des « quartiers » (les ghettos ? les « cités », autre euphémisme ?...) renvoie à une autre forme de dénonciation allusive, aussi vague que consensuelle (qui sont les machos désignés ?).

Un autre déplacement corrélatif de celui-ci conduit à la résurgence surprenante d'un racisme anti-noir, voire à la crainte d'un racisme anti-blanc, situation d'inversion qui atteste bien le schème de territoires « séparés » et la crainte d'un débordement. Sur ce thème, Alain Finkielkraut notamment, s'est illustré, et il persiste et signe. Faut-il y voir aussi un schème chrétien renaissant, le retour au motif de la malédiction de Cham ? Celui-ci s'actualise dans nos incessantes lamentations sur l'impasse africaine, sur la malédiction de l'Afrique, remises aussi au goût du jour par le discours de Dakar du président Sarkozy. Il y a plus sûrement, dans cette réactivation d'un racisme biologique que l'on croyait devenu impensable dans l'Europe démocratique, un tropisme unitaire, le tâtonnement, à nouveau, vers une Europe homogène et unie, blanche et chrétienne, ou, au plus, judéo-chrétienne. Dans cette soudaine mise à l'index des Noirs, fauteurs de troubles en banlieue, mauvais élèves par excellence du système scolaire et surtout, pour les adultes, polygames patentés, on observe aussi une mise en cause indirecte de l'islam. Divers militants de la cause des Noirs en France, lors de l'irruption récente de la question noire dans le débat public, se crurent ainsi tenus de prendre leurs distances avec une Afrique musulmane et polygame, à laquelle ils refusaient absolument d'être assimilés, mettant en avant leur francité séculaire et leurs racines chrétiennes. De ce point de vue, la commémoration récente de l'abolition de l'esclavage a pu elle-même produire, tendanciellement ; des effets pervers. Probablement nécessaire et bénéfique, elle rappelait en même temps l'origine étrangère, par définition allogène, des descendants d'esclaves, et le caractère foncièrement subalterne de leur inscription originelle dans le corps social français.

Ce qui se joue en filigrane est ainsi la représentation d'une société originelle et pure (les Français de souche pour le cas de la France...) sur laquelle seraient venus progressivement se greffer des apports plus ou moins aléatoires et dans l'idée qu'il serait possible de négocier ou renégocier rétrospectivement ces mêmes apports.

Un autre effet pervers pourrait ainsi résulter de l'accent récemment porté sur la dette de la France à l'égard de ses anciens combattants des colonies, comme l'illustre le succès du film « Indigènes », par exemple. Si la cause, là encore, est juste, et l'œuvre sans doute utile ou émouvante, le risque se fait jour d'accréditer l'idée d'un prix payé pour la citoyenneté française et partant d'un prix *à payer*. Le risque est celui d'une surenchère qui singulariserait une citoyenneté au mérite par rapport à une citoyenneté originelle et naturelle.

3. Dans la langue du mérite

Il y aurait idéalement, aujourd'hui, dans la perspective de l'État français, deux catégories de nouveaux citoyens : des Européens natifs, dont l'identité basique garantirait une intégration rapide, le seul problème étant celui de l'adaptation du marché du travail ; et des non-Européens, tenus de démontrer non seulement leurs compétences et leur disponibilité professionnelles, mais aussi leur amour de la France, leur maîtrise de sa culture, de sa langue et leur capacité culturelle à s'intégrer. Le problème est en premier lieu qu'on élargit cette attente de preuve à des gens qui sont déjà Français et Européens, nés en France, pétris d'habitus français et néanmoins tenus de donner des gages... En second lieu, les conditions d'acquisition de la citoyenneté qui se profilent ainsi sont en rupture avec toute l'histoire de l'immigration qui a forgé tant la France que l'Europe. Si l'on avait testé aux frontières l'aptitude à l'intégration des migrants des années 1920 ou 1930 ou de l'après-guerre, pour ne pas remonter plus haut dans le temps, la France aurait eu assurément un tout autre visage et partant, une autre « identité nationale » que celle que l'on officialise aujourd'hui par un Ministère. Il n'est d'ailleurs nul besoin de souligner le caractère aléatoire et subjectif d'une pareille évaluation des « intentions » d'intégration : qui risque sa vie pour en commencer une nouvelle prouve par excellence sa volonté de s'intégrer... Or, non seulement les frontières de l'espace Schengen se verrouillent, comme il était prévisible, mais le tâtonnement de l'Europe vers une identité commune conduit à une expurgation idéelle du nouveau corps civique, à une quête illusoire de racines communes et d'une matrice identitaire consensuelle. Les frontières externes se transposent donc à l'intérieur du corps civique.

La France n'est certes pas la seule nation européenne à se concevoir, de la sorte, comme un bastion identitaire, dont la porte ne saurait s'ouvrir que de manière conditionnelle, aspirant non seulement à expulser en nombre ses étrangers mais à se penser dans la pureté, dans une identité originelle autorisant l'entre-nous européen. Parmi les autres pays d'Europe, elle est cependant la seule à accorder une importance aussi cruciale à la question de sa langue nationale (et non pas des langues minoritaires, combat européen). Plus la France se ferme, plus sa langue devient officiellement porteuse d'ouverture.

Autant l'invocation d'un commun dénominateur européen et chrétien aboutit au verrouillage des frontières européennes, autant est mise en exergue l'universalité de la langue française et la place naturelle de la culture française dans le monde. Pour les analystes du déclin, ce critère culturel est aussi déterminant que les spéculations sur l'état de la balance commerciale. Mais récemment, la question de la langue française s'est trouvée investie d'une dimension politique plus inédite. Sur le plan intérieur, elle donne lieu à un débat de plus en plus vif sur le statut de la « langue des banlieues ». Après qu'a longtemps dominé l'idée d'une langue incompréhensible, d'un parler de bandes, inaudible pour le citoyen français de base, la thèse se fait jour d'une créativité linguistique particulière, réhabilitation partielle d'une capacité inventive, d'un pouvoir d'agir des jeunes des cités. Dans le premier cas, on consacrait une solution de continuité radicale (dans la lignée des « Territoires perdus de la République ») et, dans le second cas, le risque est réel d'idéaliser ces formes de créolisation, par ailleurs essentiellement instables, sans pour autant renoncer au modèle d'un territoire séparé, d'une langue distincte.

Cette frontière interne de la langue révèle bien une relative spécificité française. Depuis des décennies que la France accueille des migrants maghrébins, mais aussi africains ou turcs, elle ne voit toujours pas émerger d'écrivains de langue française « de la diaspora », ou elle se refuse à les envisager sous ce jour. Le cas des écrivains de la « banlieue » est *a fortiori* celui d'une case vide, à l'exception, montée en épingle, de Faïza Guène, voire d'Azouz Begag. On ne comparera pas ce désert français au cas britannique, tant la problématique communautaire peut sembler infléchir les règles du jeu de la réception, mais dans le cas de l'Allemagne, une littérature de langue allemande produite par des écrivains turcs-allemands est parfaitement reconnue, même si d'aucuns peuvent juger cette reconnaissance encore imparfaite. Pour réussir sur la scène littéraire française, par contraste, il faut être « Marocain » comme Tahar Ben Jelloun, quand bien même l'on vit en France depuis trente ans, il faut être Algérien comme Yasmina Khaddra ou Ivoirien comme Ahmadou Kourouma. Il faut, en somme, venir d'ailleurs, hors des frontières de la France et même de l'Europe et prouver ainsi le rayonnement pérenne de la langue française. L'illusion politique est celle-ci : on pourrait systématiquement refuser des visas aux étrangers, y compris de simples visas touristiques, la langue française n'en continuerait pas moins d'être aimée et pratiquée de par le monde, tant pour sa beauté intrinsèque pour les valeurs qu'elle représente.

Créolisation, certes, créolisation bienvenue également lorsqu'elle est le fait des écrivains de l'antillanité, et qu'elle consacre une distance physique et culturelle. En métropole, point trop n'en faut. La défense du français face à la domination écrasante de l'anglais peut avoir sa logique, mais un paradigme de la pureté de la langue est aussi en cause dans cette mise au loin du « francophone ». Lorsqu'il est question de réclamer, désormais, des candidats à l'immigration une aptitude linguistique, une maîtrise de la langue française, cet examen n'a pas le même sens que celui qui se pratique dans d'autres pays d'accueil. Dans le monde anglophone, la pratique d'un anglais pidginisé est parfaitement admise, la langue de la vie courante n'est pas idéalisée. Au Canada, le critère linguistique permet au Québec, province francophone, d'affirmer son poids politique. Mais en France un tel critère n'aurait pour finalité que d'affirmer à nouveau une citoyenneté au mérite, la volonté d'être Français, une discrimination politique, d'autant plus injuste que les masses de citoyens britanniques, par exemple, qui investissent le Sud-Ouest de la France sans parler français, qui y développent une presse de langue anglaise et s'y constituent un monde à part, ne seront jamais soumis à la même contrainte légale. Mieux encore, la langue est jalouse. Le président Sarkozy n'envisageait-il pas que la régularisation des sans papiers ne concerne que les parents d'enfants ne parlant plus leur langue maternelle ?

La langue apparaît ainsi comme un critère de séparation, d'épure, à nouveau, dans un cadre où elle risque, à terme, de constituer le dernier refuge légitime de la pureté : ni la pureté raciale ni la pureté ethnique ne sont plus, et heureusement, articulables, mais qui irait à l'encontre d'une simple défense de la langue française ? Qui plus est, cette référence à la maîtrise du français réactive paradoxalement l'espace de cette immigration « subie » dont précisément l'État français ne veut plus entendre parler, car où trouver des francophones, sinon dans l'ancien empire colonial français, dans le champ clos de la francophonie d'empire ?

Entrant pleinement dans l'Europe, la France continue ainsi, et de plus belle, de refuser de couper le cordon de l'empire, jusqu'à ce discours de Toulon du Président Sarkozy, prononcé le 7 février 2007, qui mariait aventure coloniale et rêve chrétien de l'Europe des Croisades. Il y évoquait ce rêve « qui jeta jadis les chevaliers de toute l'Europe sur les routes de l'Orient »... Il y a lieu de craindre que le projet d'Union méditerranéenne mis en œuvre par le même président Sarkozy, qui vise à protéger l'Europe, à créer pour elle un espace tampon, ne réitère lui-même un schème passablement colonial, également sous-jacent dans ce terme d'« Eurafrique », prononcé lors du discours de Dakar.

En cela, la France diffère du reste de l'Europe, par une aspiration à sortir de ses frontières qu'elle ne conçoit qu'en y exportant ses propres valeurs culturelles, son « identité nationale ». Au risque d'amplifier le danger, prenons garde alors que ces valeurs ne soient soumises, à l'intérieur même de la France, à un dévoiement insidieux, sous couvert de bonne volonté parfois. Le trouble nécessairement induit par les bouleversements institutionnels, économiques, politiques, de la mise en œuvre de l'Europe élargie s'accompagne de reconfigurations identitaires plus ou moins explicites, latentes et redoutables pour cette raison même. Il induit l'invention consensuelle d'une identité collective inédite, sur la base, non pas tant d'une histoire commune, puisque cette histoire n'a jamais existé, que l'Europe n'a jamais été unifiée à cette échelle, que d'un signifiant commun, le plus lâche et englobant qui soit, Europe chrétienne, voire Europe « blanche ». Que l'extrême droite se soit emparée de cet enjeu de reconfiguration identitaire est avéré dans toute l'Europe actuelle, dans les pays de l'Est au moins autant que dans l'Ouest de l'Europe. Que cette réassertion imprègne la droite modérée elle-même, les partis démocrates chrétiens, est aussi manifeste, mais l'évidence de l'identité chrétienne de l'Europe, au mieux judéo-chrétienne, imprègne bien plus largement et plus inconsciemment l'ensemble de nos débats actuels, et elle surimpose progressivement, quoique de manière latente, une clause préalable et inacceptable de légitimité identitaire à la citoyenneté.

Commande à l'unité

lignes 01 [mars 2000] Sartre-Bataille .... 15,24 €

lignes 02 [mai 2000] David Rousset .... 15,24 €

lignes 03 [octobre 2000] Guyotat, Artaud .... 15,24 €

lignes 04 [février 2001] Désir de révolution .... 15,24 €

lignes 05 [mai 2001] Littératures de la cruauté .... 15,24 €

lignes 06 [octobre 2001] Identités indécises .... 15,24 €

lignes 07 [février 2002] Un autre Nietzsche .... 16 €

lignes 08 [mai 2002] Vainqueurs/Vaincus .... 16 €

lignes 09 [octobre 2002] De la possibilité politique .... 16 €

lignes 10 [mars 2003] Le principe d'amnistie .... 16 €

lignes 11 [mai 2003] Adorno & Benjamin .... 19 €

lignes 12 [octobre 2003] Le nouveau désordre international .... 16 €

lignes 13 [février 2004] L'Europe en partage .... 17 €

lignes 14 [mai 2004] Penser Sade .... 17 €

lignes 15 [octobre 2004] Politiques de la peur .... 17 €

lignes 16 [mars 2005] Anarchies .... 17 €

lignes 17 [mai 2005] Nouvelles lectures de Bataille .... 18 €

lignes 18 [octobre 2005] Pier Paolo Pasolini .... 17 €

lignes 19 [février 2006] Le soulèvement des banlieues .... 17 €

lignes 20 [mai 2006] Situation de l'édition et de la librairie .... 17 €

lignes 21 [novembre 2006] Ruptures sociales ruptures raciales .... 17 €

lignes 22 [mai 2007] Philippe Lacoue-Labarthe .... 20 €

lignes 23-24 [nov. 2007] 20 années de la vie politique et intellectuelle .... 30 €

Total (port offert) .... €

Commande et règlement par chèque ou CB à l'ordre des
Nouvelles Éditions Lignes 85 rue de la Fontaine au Roi 75011 Paris
contact@editions-lignes.com

Commande d'abonnement

Pour 3 numéros (26, 27 et 28)

☐ France, Particuliers .... 52 €
☐ France, Institutions .... 57 €

☐ Autres pays, Particuliers .... 58 €
☐ Autres pays, Institutions .... 63 €

Nom, prénom ....
Société, institution ....
Adresse ....
....
Code postal ....
Ville ....
Pays ....
E-mail ....

Commande et règlement par chèque ou CB à l'ordre des
Nouvelles Éditions Lignes / 85 rue de la Fontaine au Roi / 75011 Paris / France
contact@editions-lignes.com

nouvelles éditions lignes

Dernières parutions

• Daniel Bensaïd, *Un nouveau théologien : Bernard-Henri Lévy*
160 pages, 12,5 €

• Alain Brossat, *Bouffon Imperator*
80 pages, 12 €

• Alain Gauthier, *Jean Baudrillard, une pensée singulière*
env. 160 pages, env. 13 €

• Christine Lavant, *La Mal-née*
96 pages, 12 €

• Guillaume Paoli, *Éloge de la démotivation*
192 pages, 14 €

Ouvrages disponibles

• Raymond Aron / Michel Foucault, *Dialogue (présenté par J.-F. Bert)*
64 pages, 10 €

• Alain Badiou, *De quoi Sarkozy est-il le nom ?*
160 pages, 14 €

• Félix Guattari, *65 rêves de Franz Kafka (présenté par Stéphane Nadaud)*
64 pages, 10 €

• Michel Surya, *Portrait de l'intermittent du spectacle en supplétif de la domination*
64 pages, 10 €

Catalogue complet, présentation des ouvrages sur **www.editions-lignes.com**